新しい教職教育講座 教科教育編 ❺
原 清治／春日井敏之／篠原正典／森田真樹［監修］

生活科教育

鎌倉 博／船越 勝［編著］

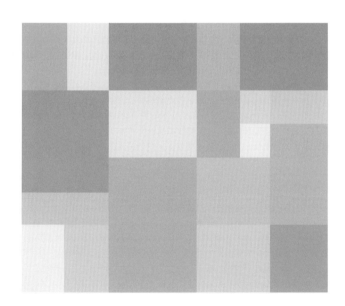

ミネルヴァ書房

新しい教職教育講座

監修のことば

　現在，学校教育は大きな転換点，分岐点に立たされているようにみえます。
　見方・考え方の育成を重視する授業への転換，ICT教育や特別支援教育の拡充，増加する児童生徒のいじめや不登校への適切な指導支援，チーム学校や社会に開かれた教育課程を実現する新しい学校像の模索など。切れ間なく提起される諸政策を一見すると，学校や教師にとって混迷の時代に突入しているようにも感じられます。

　しかし，それは見方を変えれば，教師や学校が築き上げてきた地道な教育実践を土台にしながら，これまでの取組みやボーダーを超え，新たな教育を生み出す可能性を大いに秘めたイノベーティブな時代の到来ともいえるのではないでしょうか。教師の進むべき方向性を見定める正確なマップやコンパスがあれば，学校や教師の新たな地平を拓くことは十分に可能です。

　『新しい教職教育講座』は，教師を目指す学生や若手教員を意識したテキストシリーズであり，主に小中学校を対象とした「教職教育編」全13巻と，小学校を対象とした「教科教育編」全10巻から構成されています。

　世の中に教育，学校，教師に関する膨大な情報が溢れる時代にあって，学生や若手教員が基礎的知識や最新情報を集め整理することは容易ではありません。そこで，本シリーズでは，2017（平成29）年に告示された新学習指導要領や，今後の教員養成で重要な役割を果たす教職課程コアカリキュラムにも対応した基礎的知識や最新事情を，平易な表現でコンパクトに整理することに心がけました。

　また，各巻は，13章程度の構成とし，大学の授業での活用のしやすさに配慮するとともに，学習者の主体的な学びを促す工夫も加えています。難解で複雑な内容をやさしく解説しながら，教職を学ぶ学習者には格好のシリーズとなっています。同時に，経験豊かな教員にとっても，理論と実践をつなげながら，自身の教育実践を問い直し意味づけていくための視点が多く含まれた読み応えのある内容となっています。

　本シリーズが，教育，学校，教職，そして子どもたちの未来と可能性を信じながら，学校の新たな地平を拓いていこうとする教師にとって，今後の方向性を見定めるマップやコンパスとしての役割を果たしていくことができれば幸いです。

　　　　　　　　　　　　　　　　　　監修　原　　清　治（佛教大学）
　　　　　　　　　　　　　　　　　　　　　春日井敏之（立命館大学）
　　　　　　　　　　　　　　　　　　　　　篠　原　正　典（佛教大学）
　　　　　　　　　　　　　　　　　　　　　森　田　真　樹（立命館大学）

　　　　　は　じ　め　に

　2017（平成29）年3月に新小学校学習指導要領（以下，本書では新学習指導要領と略して表記する）が告示された。今回の改訂の目玉は「主体的・対話的で深い学び」を打ち出したことであろう。小学校学習指導要領の変遷をみたときに，この子どもの主体性を打ち出し始めたのは，1989（平成元）年告示の際だった。「新しい学力観」のもとで教科の枠も再編された。そのときに登場したのが生活科であった。以来30年のときが経つ。

　そのスタート時においては，新教科の理念と内容を理解しようと，各地で生活科に特化した研究会や研修会が活発に開催されていた。その論議の中では，低学年の理科・社会科の廃止を代償として導入されたこと，教科に位置づきながら体験活動が主であること，体験活動を通しての新たな道徳教育ではないかという疑念があったことなどで，批判の声が少なくなかった。一方で，その地域・学校・学級の特色を生かした実践，子ども主体の関心や問いを活かした創造的な実践も次々と登場した。このように，発足当時は賛否両論大変活気があった。

　ところがそれから30年経ったいま，そうした活気が感じられなくなってしまっている。理念も実践も全国的に定着してきたということかもしれないが，実際には実践のマンネリ化が進んでしまったということではないだろうか。生活科，そしてその後につながると考える総合的な学習において，一番警戒しなくてはならないのはこのマンネリである。なぜならば，他教科では系統的な指導が必要であることに対し，創造的探究的な学習を重視しているからである。

　本書は，これから小学校教員を目指す学生のテキストとして企画・編集したものであるが，同時に現職の小学校教員が活用できることも考えて企画・編集した。学生の皆さんには生活科というこんなにも楽しく深く学べる教科があるのだということで教育実習や現職としての授業が楽しみになり，現職の先生方

i

にはここで紹介されている魅力的な実践に刺激を得て改めて生活科を楽しく子どもたちとつくっていってみたいと思えるものとなることを期待している。

　第1章と第13章では，生活科の理念と特色を理解してもらえるようにした。第2章から第12章は，豊かな実践を中心に生活科の魅力と実践イメージがもてるようにした。そのために，第2章から第12章は生活科でとくに優れた実践をつくってこられた現職または元職の先生方に執筆を依頼した。第4章と第8章もそれぞれ別の先生方にお願いしていたが，原稿締切間近に体調不良で執筆困難な状況がわかり，急遽元小学校教員でもあった編者（鎌倉）が執筆することにした。

　なお，本書では，2017年改訂学習指導要領を新学習指導要領と表記している。

　生活科の理念と特色を深くつかむことで魅力的な実践が再び全国で展開されることを何よりも望んで，本書を発行する。

編者代表　鎌倉　博

目 次

はじめに

第1章 生活科という教科 1
 1 生活科の誕生とその後の展開 1
 2 教科としての生活科の基本的性格 4
 3 生活科の内容・方法・評価 7
 4 生活科の実践をつくる教師 12
 5 2017年改訂学習指導要領と生活科 13
   ——これからの生活科の方向性と課題

第2章 生活を見つめる子ども主体の学び合い活動 17
   ——生活発表・生活作文
 1 「生活発表」から拡がる"学び合い"の世界 17
 2 「あのネ帳」から拡がる"学び合い"の世界 22

第3章 「学校で学ぶ」入口 31
   ——子どもを受容することから
 1 子ども理解 31
   ——楽しく・深く・みんなで
 2 学校生活のスタート 36
 3 心の安定をつくる 38
 4 学校探検に出かけよう! 42

第4章 季節と自然を味わう活動 48
   ——自然に働きかけ,自然から学ぶ
 1 現代の子どもたちと自然 48
 2 季節や自然の発見 52

- 3 季節や自然を味わう実践事例 …………………………………………… 56
- 4 自然に人間・子どもが育てられる …………………………………… 62

第5章　栽培活動 …………………………………………………………… 66
　　　　——生命の営みと尊さを実感する

- 1 栽培活動の教育的意義 ………………………………………………… 66
- 2 生命の営みと尊さを実感する栽培活動の授業づくりの実際 ……… 68
- 3 栽培活動の実際① ……………………………………………………… 71
  　　——第1小単元「小松菜の種をまこう！」
- 4 栽培活動の実際② ……………………………………………………… 75
  　　——第2小単元「博士になって小松菜の世話をしよう！」
- 5 栽培活動の実際③ ……………………………………………………… 77
  　　——第3小単元「小松菜パーティーで交流しよう！」

第6章　栽培活動からの発展学習 …………………………………………… 83
　　　　——身近な植物を生活に活かす

- 1 季節の香りを食べる（春編） ………………………………………… 83
- 2 栽培して実を食べる（夏秋編） ……………………………………… 87
- 3 不思議発見，モノづくり ……………………………………………… 92

第7章　飼育活動 …………………………………………………………… 102
　　　　——動物とともに過ごす

- 1 「飼育」活動と子どもたち …………………………………………… 102
- 2 教室の中の「飼育活動」 ……………………………………………… 104
- 3 「教室」の中で動物を飼う …………………………………………… 110
- 4 動物の飼育に積極的な教師になっていくために …………………… 116

第8章　地域探索活動 ……………………………………………………… 119
　　　　——自分が住む町の魅力発見

- 1 学習の宝庫「地域」 …………………………………………………… 119
- 2 地域探索活動の計画と準備 …………………………………………… 123

3　実際の地域探索活動例 ·· 127
　　4　地域活動のまとめ ·· 131

第9章　集団遊び ·· 135
　　　　　――楽しみ，知り合い，つながり合う
　　1　生活科の中での集団遊び ·· 135
　　2　個として気軽に参加し楽しめる集団遊び ···························· 138
　　3　クラスとしての関係を深める集団遊び ······························· 142
　　4　伝承遊び ·· 147
　　5　集団遊びを通した学級づくりと教師 ··································· 149

第10章　遊べる物をつくる ·· 151
　　　　　――手先の器用な子に育てる
　　1　「変化する生活」と技・道具 ··· 151
　　2　物づくり・工作活動の役割 ··· 155
　　3　生活科における工作活動での実践事例 ······························· 157

第11章　自分の成長を見つめる ·· 167
　　　　　――「誕生」の学習
　　1　「誕生・成長」を見つめる ··· 167
　　2　「誕生・成長」の学習に取り組むまで ······························· 169
　　3　「誕生・成長」の学習の実践例 ·· 173

第12章　家族を見つめる ·· 184
　　　　　――様々な家族の中で学ぶ
　　1　「ぼく・わたしの家族を紹介します」 ································ 184
　　2　「お家の人の仕事インタビュー」 ······································ 188
　　3　お家の人から世界の文化を学ぶ ·· 195
　　4　配慮すべきこと ··· 199

第13章　学び方を育む生活科 …………………………………………… 202
　1　小学校低学年の子どもと学び ……………………………………… 202
　2　低学年教育のコアとしての教科 …………………………………… 204
　3　生活を見つめる学び ………………………………………………… 208
　4　生活科ならではの学び方 …………………………………………… 213
　5　生活科から総合的な学習へ ………………………………………… 217

資料　小学校学習指導要領　第2章　第5節　生活　219
索　　引　221

第1章　生活科という教科

この章で学ぶこと
　この章では，生活科が誕生した経緯と教科としての基本的な性格，および生活科の内容・方法・評価，生活科をつくる教師像，新学習指導要領が告示された中での方向性と課題という，包括的な概念とねらいについて学習を深めていく。

1　生活科の誕生とその後の展開

（1）低学年理科・社会科の廃止と生活科の新設

　生活科誕生の源流には，元々大正自由教育といわれる新教育の実践や生活綴方教育の関連の中で追究された「生活勉強」の実践などの様々なものが存在している。さらには，1960年代などに行われた欧米での低学年カリキュラムの改革運動の中での様々な試みも反映したと考えられる。

　しかし，実際には，1989年の学習指導要領の改訂に伴って，戦後初めて新設された教科である。それゆえ，この生活科という新教科には多くの期待が寄せられたし，その研修には，たくさんの参加者が集まった。また，そうした生活科への教師たちの熱意が様々な興味深い創造的な実践を生み出していった。

　他方，この生活科の新設へ至るプロセスでは，具体的には，低学年の理科と社会科の廃止によって生活科の新設は行われたのであるから，当然，理科・社会科関係者からの強い批判も含めて，様々な議論が行われた。

　では，そうしたプロセスも経ながら，なぜ生活科は新設されたのであろうか。小学校指導書生活編（1989年6月）は，生活科新設の理由について，以下のように述べている。

低学年の教科再構成への模索―我が国の戦後教育において，昭和20年代の経験主義教育から，昭和30年代の系統学習への転換は，よく知られるところである。その系統学習の発展に伴って，低学年の社会科と理科の学習指導に新たな課題が指摘されるようになった。

　この課題を踏まえて，昭和42（1967）年10月，教育課程審議会の答申は，次のように指摘した。すなわち，低学年社会科については，具体性に欠け，教師の説明を中心にした学習に流れやすい内容の取り扱いについて検討し，発達段階に即して効果的な指導ができるようにすること，また，低学年理科については，児童が自ら身近な事物や現象に働き掛けることを尊重し，経験を豊富にするように内容を改善することなどである。

　戦後の学習指導のあり方をめぐる教育哲学・教育思想は，経験主義の教育に基づく問題解決学習から，1958年の学習指導要領の改訂を転機として，科学主義の教育に基づく系統学習へと転換していった。しかし，こうした転換は，改めて別の問題をもたらすこととなった。すなわち，低学年社会科については，教師の説明を中心とした教え込みの傾向を強めることとなったし，低学年理科については，子どもが直接自然のモノ・コトに働きかけ，経験を豊かにすることが弱くなったということである。

　これらは，言葉を換えていうと，低学年という発達段階にふさわしい学びのありようの追究が弱くなっていたということでもある。すなわち，低学年の発達特性を踏まえた学習指導が求められていたのである。

　こうした議論を踏まえて，生活科の新設を提言した，1987年の教育課程審議会の答申「幼稚園，小学校，中学校及び高等学校の教育課程の基準の改善について」では，「児童の発達上の特徴や社会の変化に主体的に対応できる能力の育成等の観点から生活科の設置」が答申された。そして，生活科の教科設定の趣旨とねらいについては，次のような指摘がなされた。

　生活科は次のような趣旨に基づいて設定する。

（ア）低学年児童には具体的な活動を通して思考するという発達上の特徴がみられるので，直接体験を重視した学習活動を展開し，意欲的に学習や生活をさせるようにする。
　（イ）児童を取り巻く社会環境や自然環境を，自らもそれらを構成するものとして一体的にとらえ，また，そこに生活するという立場から，それらに関心をもち，自分自身や自分の生活について考えさせるようにする。
　（ウ）社会，自然及び自分自身にかかわる学習の過程において，生活上必要な習慣や技能を身に付けさせるようにする。
　（エ）上記の（ア），（イ）及び（ウ）は，学習や生活の基礎的な能力や態度の育成を目指すものであり，それらを通じて自立への基礎を養うこととする。

　ここでは，先の1967年の教育課程審議会答申がいう系統学習の行き過ぎの指摘に基づき，強調されていた低学年の発達特性を踏まえた学習指導に関わって，「低学年児童には具体的な活動を通して思考する」という発達的特徴がみられる。
　こうした背景の中から，1989年改訂の学習指導要領で新設される生活科の基本的性格がつくり上げられてくるのである。

（2）生活科と総合的な学習の時間の誕生

　1998年の小学校学習指導要領の改訂で，総合的な学習の時間が新設された。この総合的な学習の時間は，国際理解・外国語活動，情報，環境，健康・福祉等の現代的課題に対して，「横断的・総合的な学習や探究的な学習を通して，自ら課題を見つけ，自ら学び，自ら考え，主体的に判断し，より良く問題を解決する資質や能力を育成するとともに，学び方やものの考え方を身に付け，問題の解決や探求心や主体的・創造的・協同的に取り組む態度を育て，自らの生き方を考える」ことを目的にしたものである。
　この総合的な学習の時間も，新設される以前から，私立小学校や国立大学附

属小学校，さらには民間教育研究運動などで試みられてきたものであったので，その内容や性格づけをめぐって論争が行われた。

また，この総合的な学習の時間の新設は，生活科のカリキュラムの内容に対しても少なからぬ影響を与えた。というのが，総合的な学習の時間新設以降，小学校の学校現場の中では，低学年理科・社会科を廃止してできた教科としての生活科と，3年生以上の理科・社会科とカリキュラムの構造上併存している領域としての総合的な学習の時間とを機械的に結びつけ，6年一貫カリキュラムとしてデザインして，実践する傾向が進められたからである。その結果，学習指導要領として規定されている内容とは異なる国際理解・外国語活動や情報などの学習内容が生活科で行われるようにもなってきたのである。

2　教科としての生活科の基本的性格

(1) 学習指導要領における生活科の規定

こうした歴史と背景の中で誕生した生活科であるが，2008年改訂の学習指導要領においては，生活科の目標は，次のように規定されている。

> 具体的な活動や体験を通して，自分と身近な人々，社会及び自然とのかかわりに関心をもち，自分自身や自分の生活について考えさせるとともに，その過程において生活上必要な習慣や技能を身に付けさせ，自立への基礎を養う。

この学習指導要領における生活科の目標に現れた，教科としての生活科の基本的性格は，次のような点に現れている。

第一に，生活科は，「具体的な活動や体験を通して」，子どもたちが学んでいく教科だということである。これは，生活科のいわば方法原理ともいうべきもので，言い換えれば，教師があらかじめ用意をした知識や技能を伝達して，子どもたちが学んでいくような学びの様式の教科ではないということである。

第二に，以下のような4つの目標論的特徴が示される。
- 子どもの視点から，身近な人々，社会および自然に興味・関心をもてるようにすること（1つ目の生活科の目標論的特徴）。
- 一定の知識・技能の獲得よりも，自分自身や自分の生活について思考したり，気づきを行ったりすることが目指されていること（2つ目の生活科の目標論的特徴）。
- 興味関心をもったり，思考したりする過程で，生活習慣や技能を獲得できるようにすること（3つ目の生活科の目標論的特徴）。
- 「自立への基礎を養う」ことを目標にしていること。具体的には，日常生活や学校において，自分の身の回りのことは自分でできるという身辺的自立ができるようにすること（4つ目の生活科の目標論的特徴）。

このように，学習指導要領では，その目標規定の記述を通して，生活科の方法原理と4つの目標構造が規定されているということができる。

（2）生活科をめぐる論争

では，このような学習指導要領における生活科の基本的性格の規定をめぐって，小学校の学校現場では，どのように受け止められたのであろうか。上に示した視点から，学校現場での議論の状況を述べてみよう。

第一に，「具体的な活動や体験を通して」という方法原理の強調が，活動をすればいいという活動主義的な実践傾向を生むのではないかという批判が出された。つまり，「活動あって学びなし」という実践への危機意識である。ここには，活動や体験することと知識・理解の関係をどう捉えるかという教育実践に関わる重要な問題を含んでいた。また，活動や体験であれば，何でもいいのかという疑問も出された。これは，活動や体験の質を問うもので，子どもと出会わせるのは，やはり「価値ある体験」が大切になってくるということである。

さらに，こうした「具体的な活動や体験を通して」という方法原理は，教師の役割の問題として引き取ると，「見守る」「待つ」生活科という捉え方が強調されることにつながっていった。それは，教師の役割を指導ではなく，支援で

あると指摘して、教師の関わりを弱めるような方向にも結びついていった。

第二に、「自分と身近な人々、社会及び自然との関わりに関心をも」つことの強調は、興味・関心をもてばいいのかという学校現場の疑問と結びついていった。ここには、関心・意欲・態度を育むことと知識・理解との関係をどのように捉えるかという重要な理論的争点が含まれていた。

また、自分との関わりで身近な人々、社会および自然をみていくという捉え方は、それらの対象世界の客観的認識を曖昧にして、自己認識に解消してしまうことにならないかという批判もあった。

第三は、考えるのは、自分自身や自分の生活だけでいいのかという疑問である。それは、もっと対象世界について深く理解することの大切さを強調する意見であるとともに、そこには、思考や考えることと知識・理解の定着と発展との関係をどのように捉えるかという理論的争点が含まれてもいるのである。

第四は、生活科で目標とされている生活習慣・技能の形成は、生活科や学校教育の課題かという疑問である。こうした視点の強調は、生活科を「しつけ科」や「第二道徳科」であるとする批判を呼ぶことにもなった。同時に、こうした視点が強調される背景には、幼児期において、しつけを十分することができない家庭が増えているという現状があるということができよう。

第五は、自立は生活科だけで追求する目標かという学校現場からの疑問である。自立という概念には、身辺的自立だけでなく、精神的自立、経済的自立、社会的自立など様々なレベルがあり、目標像や目標設定が曖昧になりやすく、また、たとえ自立を身辺的自立に限定して捉えても、それは、生活科だけで追求するものというよりも、学校教育全体、さらには、家庭や地域との協働の中で追求すべき課題だと捉えるべきではないだろうか。

(3) 生活科で大切にすべきもの

このように考えると、学習指導要領における生活科の基本的性格の規定に対して、学校現場から出された疑問やそれに端を発して行われた論争には、これからの生活科の実践を考えていく上で、重要な事柄が含まれている。

それは，先に述べたことを二項対立的に捉えるのではなく，弁証法的・統一的に捉えることである。それらをまとめると，以下のようになる。
① 子どもの自主性と教師の指導
② 活動・体験と知識・理解
③ 関心・意欲・態度と知識・理解
④ 思考・考えることと知識・理解
⑤ 自己認識と客観的認識
⑥ 生活習慣や自立のための学校と家庭・地域の位置づけ
　これらの6つの視点において，両者を切り離して考えるのではなく，両者を密接に結びつけ，統一的にみていくことが，生活科の実践を創造していくときに大切にされる必要がある。

3　生活科の内容・方法・評価

(1) 生活科の教科内容
① 基本としての3領域
　生活科は，低学年理科・社会科を廃止して，新設された教科であると先に述べた。そうした経緯からすれば，当然，生活科の教科内容として，自然や社会が中心になるのはいうまでもない。しかし，同時に，そうした自然や社会に働きかける主体は，人間である。したがって，生活科の教科内容を考えるとき，基本としての3領域になるのは，この自然，社会，人間ということになる。
② 実践領域の広がり
　しかし，1989年に生活科が新設されてから，すでに30年近く経つ。そうした中で積み上げられてきた実践領域は，先の基本の3領域をはみ出し，大きな広がりをみせている。それらを整理してみると，次のような9つの実践領域にまとめられよう。
　① 自然や環境に対する子どもの関心を基礎にして，学びを発展させようとしたもの

② 学校生活，地域，家族のくらしに目を向け，それらを豊かに学びながら，子どもたちが自らの生活をつくり直すことを目指したもの
③ 飼育・栽培などの活動を通して，動物や植物への関心を深め，人間の生活をつくり変えていくことを目指したもの
④ モノに働きかけ，生活を豊かにするワザを身に付けることを目指したもの
⑤ 生命の大切さを学びとらせ，人間の身体と健康に関心を深め，人間の尊厳への自覚を深めさせようとしたもの
⑥ 異なる文化的背景の中で育ってきた仲間を介して，異文化理解を目指すとともに，外国語に遊び・活動を通して慣れ親しむことを目指したもの
⑦ 上記の活動の中で，道具としての情報機器を活用し，慣れ親しむことを目指したもの
⑧ 学んだものを基にしながら，豊かな表現活動へ発展させていったもの
⑨ 総合的なテーマを総合的に追究したもの

このようにみてみると，自然，社会，人間という基本の3領域をはるかに超え，低学年における総合学習の実践といってもよい深まりと広がりをもっているということができよう。

(2) 生活科のカリキュラム

では，先のような教科内容研究の広がりを踏まえた上で，生活科のカリキュラムはどのようなものがあるのであろうか。

そもそもカリキュラムを構成するものは，主として教科内容と時間である。すなわち，どのような内容をどのように配列して，それにどれだけの時間を使うのかということである。それゆえ，カリキュラム問題は，「内容―時間」問題といわれてきた。

次に，先に述べた教科内容は，教育学研究の基本的な捉え方によると，「見えないもの」としての教科内容と「見えるもの」としての教材に区分される。

それゆえ，カリキュラムを構成する場合も，教材を重視してカリキュラムを

構成するタイプと，教科内容を重視してカリキュラムを構成するタイプの2つが理論的には考えられる。しかし，生活科は具体的な活動や体験を重視して行う教科なので，教科内容を重視してカリキュラムを構成するタイプは，学校ではほとんどつくられていない。そのため，ここでは生活科のカリキュラムのタイプとして，①教材重視型カリキュラムと，②教材・教科内容関連型カリキュラムの2つのタイプを設定した。

また，時間の長さの単位でみていくと，多くの学校現場で採用されている，数時間から10時間程度の単元で構成されている小単元方式と，長野県の伊那小学校や奈良女子大学附属小学校などが典型的な実践校であるが，半年間とか，1年間のスパンで単元が構成されている大単元方式と，両者の中間形態である中単元方式の3つがある。

ここでは，最初に，①の教材重視型カリキュラムの典型例として，東京の和光小学校のカリキュラムを取り上げる。こちらの生活科のカリキュラムは，教材（単元）名を中心に記載され，小単元方式である。同時に，自然と社会の2領域を基礎にしながら，全校活動・学級活動・文化活動の欄もあり，それらの領域との合科的指導が前提になっている。具体的な教材（単元）を基にしながら，合科的指導を介して，どのように実践を発展させていくのかがわかりやすく記載されている（丸木・行田編著，2000，137〜139頁）。

他方，②の教材・教科内容関連型カリキュラムは，奈良県の富雄南小学校のカリキュラムを取り上げている。こちらのカリキュラムは，まずは教材（単元）名を中心に記載され，時間的には小単元方式から中単元方式になっている。と同時に，その下に，教科内容欄が位置づけられ，その教材（単元）でどのような教科内容を教えるのかがわかりやすく明示されている。教材（単元）の関連で教科内容が明示的に位置づけられていることで，いわゆる活動主義的な実践にならないというメリットがある（船越ほか，1995，133頁）。

カリキュラムは，教科内容を踏まえつつ，多様な教材を基にして，子どもの学習活動の自然な展開を生み出すものであることが望ましい。すなわち，系統性を踏まえ，活動の自然な展開を重視するということである。

（3）生活科の教育方法

　豊かな生活科の実践をつくるには，どのような教育方法が求められるのであろうか。それは第一に，地域の豊かなモノ・コト・ヒトを教室に持ち込み，「本物」との出会いを用意することである。情報機器を活用して，デジタル・コンテンツを活用することもときには必要になってくるが，生活科の実践では，基本はアナログ的な「本物」との出会いが大切である。こうした「本物」の力によって，子どもたちは爆発的な追究の力を発揮するのである。

　第二に，教室の外へ，校門の外へと出かける実践を積極的に展開していくことである。これは，先に述べた「本物」との出会いのためであるが，「本物」との出会いが教師によって用意されている段階ではまだ本物の出会いとはいえない。子どもが自ら地域に出かけていき，五感をフルに活用し，様々なモノ・コト・ヒトと出会い，さらに汗をかき，恥をかき，文章を書いて初めて，本物の問いを自ら発見することができるのである。

　第三に，自ら調べる問題解決的な学習が大切である。子どもたちが問題解決の主体に成長していくためには，問題解決過程の筋道に沿って（①切実な問題を発見する，②切実な問題を設定する，③予想を立てる，④追究する計画を立てる，⑤計画に沿って追究する，⑥解決したことを整理する，⑦整理したことを発表する），子どもが問題解決過程のどの段階でつまずいているのか，丁寧にみとりながら指導していくことが大切である。

　第四に，合科的指導が大切である。2つ以上の教科や領域を関連させながら指導していくことが合科的指導であるが，生活科を単独で実践していくよりも，先の和光小学校のカリキュラムのところで指摘したように，他の教科や特別活動等と結びつけて指導する中で，より豊かな実践展開が可能になってくる。

　第五に，学んだことを豊かな表現へつなげていくことである。たとえば，世界に1冊だけの本にまとめたり，紙芝居やペープサートにしたり，絵巻物や川柳（五七五）にしたりと，様々な創意工夫ができる。そのような表現を通して，学びはいっそう深まるし，他の教室の仲間との学び合いも発展するのである。

（4）生活科の評価

① 生活科で何を評価するか

　生活科は子どもにとっても教師にとっても楽しい教科であるが，いったい何を評価したらいいかわからないという声がよく聞かれる。生活科は，子ども主体の教科であるから，評価を行う場合も，第一に，とりわけ学習の主体である子どもがどのような質をもった学びを行ったかを，具体的な活動や体験の広がり・深まり・高まりに即して，丁寧にみとることが大切である。

　第二は，一人ひとりの子どものよさとその子どもの学びと追究の軌跡を丁寧に捉えることが大切である。その場合，個としての追究（1人学び）と同時に，学級の仲間とのつながり（学び合い）の視点からもみておくことが大切である。

　第三は，生活をより豊かにしていく生活主体としての自立という視点から評価していくことである。そうして初めて，生活に根ざし，生活を拓く子どもに育っていくことができるのである。

② 生活科の評価の観点

　生活科の評価の観点は，基本的に指導要録に示された3つの観点から行うことになる。

　第一に，「生活への関心・意欲・態度」である。具体的には，「身近な環境や自分自身に関心をもち，進んでそれらとかかわり，楽しく学習や生活をしようとする」ということである。

　第二に，「活動や体験についての思考・表現」である。すなわち，「具体的な活動や体験については，自分なりに考えたり，工夫したりして，それを素直に表現する」ということである。

　第三に，「身近な環境や自分についての気付き」である。すなわち，「具体的な活動や体験をしながら，自分と身近な人，社会，自然とのかかわり及び自分自身のよさに気付」くということである。

　これらは，子どもたちの学びの一側面を切り取って表しているので，それらの相互の関連についても常に視野に置いておく必要がある。

③　ポートフォリオ評価

　生活科は子ども主体で進めていく活動的・体験的な学びなので，子どもが自らの学びを振り返りながら，自己評価を行っていくことが大切である。その際，子どもが追究の過程で作成した表現物をファイルの中に綴じておいて，それを手がかりにして，教師との対話過程（教師評価）の中で，自己とその学習過程を客観的にみていく自己評価を行わせるポートフォリオ評価も有効になってくる。

4　生活科の実践をつくる教師

　では，このような生活科の実践に求められる教師像とは何か。

　第一は，深い子ども理解をもっている教師であるということ。生活科は，子どもが主体となって追究していく教科であるから，一人ひとりの子どもがどのような興味・関心をもっていて，身近な人，社会，自然などの対象世界と関わりをもっているかを把握しなければ，子どもたちが思わず追究したくなるような教材（学習材）を用いることはできないし，そうした教材をきっかけにしながら，子どもたち主体の学びを発展的に組織していくこともできない。

　第二は，あらゆる物事に興味・関心をもっている多方面興味の教師であるということ。言い換えれば，雑学的な幅広い知識があるということである。生活科実践のパイオニアの一人である有田和正氏は，普段から常に「ネタ帳」を持ち歩いていて，日常生活の中で，おもしろいなと思ったことを書き留め，教材づくりを進めていったという。自らの引き出しの中に多様な教材のストックがあることが，子どもたちを追究に誘っていくことになるのである。

　第三は，地域に根ざす教師であるということ。いま教師は，車で学校に通勤する中では，地域は通過する場所でしかないが，地域に根ざす教師になるためには，日々校区や地域を歩き，そこで多様なモノ・コト・ヒトとの出会いをつくり出し，それを実践につなげていくことが大切である。また，自治体史や学校史なども熟読し，歴史的な視点から校区や地域を見ていくことも必要である。

　第四は，子どもを学びの主体に育てていく指導力がある教師であるというこ

と。最初はきっかけとして教材を与えて,「教師がつくる」授業から出発しても,次の段階では,子どもと協力して,「子どもとつくる」授業に発展させ,最終的には,「子どもがつくる」授業を目指していく。このように子どもを追究の主体として育てる力が求められる。

5 2017年改訂学習指導要領と生活科
―これからの生活科の方向性と課題

(1) 2017年改訂学習指導要領が目指しているもの

2017年3月,新小学校学習指導要領が告示された。今回の学習指導要領の改訂は,①何を知っているか,何ができるか(知識・技能),②知っていること・できることをどう使うか(思考力・判断力・表現力等),③どのように社会・世界と関わり,よりよい人生を送るか(学びに向かう力,人間性等)という3つの柱に沿った育成すべき資質・能力の明確化を大きなねらいとしている。これは,学校教育法における学力の3要素である,①知識・技能,②活用力,③主体的態度を踏まえた規定になっている。

また,具体的な実践のあり方としては,「主体的・対話的で深い学び」ということが強調され,①習得・活用・探究という学習プロセスの中で,問題発見・解決を念頭に置いた深い学びの過程が実現できているかどうか,②他者との協働や外界との相互作用を通じて,自らの考えを広げ深める,対話的な学びの過程が実現できているかどうか,③子どもたちが見通しをもって粘り強く取り組み,自らの学習活動を振り返って次につなげる,主体的な学びの過程が実現できているかどうか,という3つの視点が問われている。これらは,この間,アクティブ・ラーニングといわれてきたものが,改めて設定され直したものということができる。

では,新学習指導要領では,生活科はどのように規定されているのであろうか。具体的に目標の規定をみてみることにしよう。これは,生活科だけに限られないが,学習指導要領全体として,資質・能力の明確化ということがねらわ

れているので、生活科の目標の規定も、いままでの改訂と異なり、大きく表現を変えることとなった。すなわち、「具体的な活動や体験を通して、身近な生活に関わる見方・考え方を生かし、自立し生活を豊かにしていくための資質・能力を次のとおり育成することを目指す」というものである。

「具体的な活動や体験を通して」という生活科の方法原理は、以前と変わらない。「自分と身近な人々、社会及び自然との関わりに関心を持ち」という、興味・関心に関わる規定がなくなった。また、「自分自身や自分の生活について考えさせる」という規定が、「身近な生活に関わる見方・考え方を生かし」となり、生活に関わる「見方」の視点が加えられたが、基本的な趣旨は変わっていない。さらに、「自立への基礎を養う」が「自立し生活を豊かにしていくための資質・能力を次のとおり育成する」ことに変えられた。自立の言葉はそのまま残っているが、生活を豊かにするという目的概念としての生活が入ったのは重要である。

このようにみてくると、2008年改訂の学習指導要領までの生活科の基本的な性格の規定をめぐって、批判が出されていたところは、少なからず規定が変えられたということができよう。

（2）生活科で育てる資質・能力

では、新学習指導要領の生活科において、具体的には、どのような資質・能力を育成しようというのであろうか。生活科で育てる資質・能力も、学習指導要領全体が、①知識・技能、②思考力・判断力・表現力等、③学びに向かう力、人間性等という3つの柱に沿って規定されていることに合わせて、以下のように位置づけられている。

第一の知識・技能については、「活動や体験の過程において、自分自身、身近な人々、社会及び自然の特徴やよさ、それらの関わり等に気付くとともに、生活上必要な習慣や技能を身に付けるようにする」というものである。自分自身、身近な人々、社会および自然のよさなど肯定面への着目と、気づきが2008年の現行の学習指導要領以降と同じく強調されているところが、「活動あって

学びなし」といわれる活動主義的な実践から脱却したいという志向が読み取れる。「生活上必要な習慣や技能」は、メインの規定から落ちて、ここでの知識および技能の一つとして位置づけられることになっている。

　第二の思考・判断・表現等については、「身近な人々、社会及び自然を自分との関わりで捉え、自分自身や自分の生活について考え、表現することができるようにする」というものである。ここでの規定の特徴は、思考力・判断力・表現力という視点もあって、「表現する」という要素が付け加わったのが変更点である。生活科の実践傾向としても、多様な表現が大事にされてきたことを考えると大切な規定と捉えたい。

　第三の学びに向かう力、人間性等については、「身近な人々、社会及び自然に自ら働きかけ、意欲や自信をもって学んだり生活を豊かにしたりしようとする態度を養う」というものである。ここでの規定の特徴は、能動的な「働きかけ」の主体として子どもを捉えていることと、先にも述べたが、「生活を豊かにする」という目的概念としての生活という視点は、これまでの生活科実践の蓄積を反映するもので、大切にしたい。

（3）これからの生活科

　最後に、これからの生活科が目指すべき諸点を指摘して、まとめとしたい。

　第一は、低学年の段階での発達段階を踏まえた生活科の授業づくりを進めることである。低学年の子どもの認識能力は、事物を分析的に捉えるというよりは、ものごとをそのまま、まるごと捉えるという特徴がある。この「未分化総合」という特徴を押さえた上で、具体的なモノ・コト・ヒトとのふれあいを通した、リアルな事実認識を大切にしていきたい。

　第二は、学ぶことの意味の回復である。生活科で取り上げたモノ・コト・ヒトの学習を、学ぶことの手ごたえや意味確証につなげていきたい。

　第三は、生活と結びつく、リアルな学習の復権である。生活科の教材は、「鮮度」が第一である。しかも、それを教師の説明を聞いたり目で見たりというだけでなく、触ってみたり、臭いをかいでみたり、食べてみたりと、まさに五感

をフルに活用して学び尽くす。そうして初めて，学びのリアリティは復権する。

　第四は，問いを育て，問いを追究する学びである。子どもは自らの問いをもって初めて，学びの主体となる。そして，1つの問いが解決して，学びが終わりになるのではなく，1つの問いの追究がまた次の問いを生み出し，問いが連続的に発展していくことが学びの発展になっていくのである。

　第五は，世界・他者・自己とつながる学びである。学べば学ぶほど，対象である教材や世界が見えてくるし，教室の仲間も見えてくるし，さらに，自分自身も見えてくる。世界・他者・自己の三位一体の学びを大切にしていきたい。

引用・参考文献
船越勝ほか（1995）「奈良県における『特色ある生活科』実践に関する事例研究」『奈良教育大学教育実践研究指導センター研究紀要』第4巻，113～146頁。
丸木政臣・行田稔彦編著（2000）『和光小学校の生活べんきょう』上・下，民衆社。

学習の課題

(1) 生活科はどのような経緯で誕生したのか改めて調べてみよう。
(2) 生活科という教科には，他教科とは相対的に区別されるどのような理念，方法，内容，評価における固有の性格があるかまとめてみよう。
(3) 新学習指導要領ではどのような方向性が示されて，どのような検討課題が残されているか改めて調べてみよう。

【さらに学びたい人のための図書】
行田稔彦・鎌倉博ほか編著（2000）『和光小学校の総合学習』全3巻，民衆社。
　⇨「はっけん・たんけん・やってみる」「たべる・生きる・性を学ぶ」「いのち・平和・障害を考える」の3テーマで編集された実践集。
中野光編著（2008）『生活科教育――生活教育からのアプローチ』学文社。
　⇨生活科の源流から実践の最前線を開拓してきた生活教育からの生活科研究の成果と展望をまとめた好著。
鎌倉博（2013）『きらめく小学生――自由な教育の中で育つ子どもたち』合同出版。
　⇨生活科実践の創造に関わってきた鎌倉氏の子どもを主体として育てる実践の集大成である。

（船越　勝）

第2章 生活を見つめる子ども主体の学び合い活動
―― 生活発表・生活作文

この章で学ぶこと

　子どもにとっての学びの対象である日常的な「生活」は，国語・算数などのように区分された教科では学び取れない内容で構成されており，つながりのある「ひとまとまり」の綜合体として存在している。そこには，子どもとの密接な関わりをもった「モノ・コト・ヒト」も多種多量に散らばっている。何気ない，ささいな子どもたちの興味・関心を土台に「モノ・コト・ヒト」に目を向け，そこで気づいたり発見したりしたことを「生活発表」「生活作文」で表現し交流し合う活動が，"価値ある学び合い"をつくり，育てる。"子ども発"の共同の探究的な学び合いの楽しさや喜びを形成する学習活動の内容と方法を学んでいきたい。

1　「生活発表」から拡がる"学び合い"の世界

（1）"解き明かしたい問い"と出合わせる

　子どもは，自らの要求もある"解き明かしたい問い"に出合うと，探究心を発揮し，仲間と連れ立って，自らの学びを展開していく。つまり，"要求"を"実現"させるために探究活動を開始するのだ。「なんで？」「どうして？」の世界から，「そうだったのか！」「わかった！」の世界を切り拓いていきたい要求に駆られて，自主的・主体的に学び合いに取り組む。

〈事例1　「夏休み自慢大会」（生活発表）からつながった学び合い〉

　1年生の1学期末，「夏休みには，いままでできなかったことに挑戦しよう。一人でお留守番ができるようになったとか，お遣いに行けるようになったとか，プールで10m泳げるようになったとか，毎日コツコツとお手伝いをやり続けたとか，何でもいいです」「自慢できるような生活をつくってきてください。2学期になったら，自慢

大会で発表してもらいます」と，子どもたちに投げかける。保護者会や学級通信などを使って保護者にも連絡しておく。

　夏休み直前の数日は，子どもと保護者との話し合いでまとまった「夏休みに挑戦する課題」の交流会に取り組む。子どもたちは，仲間から発表された課題を参考に，さらに"自分らしさ"あふれる"価値ある"課題を煮詰めていく。夏休みの生活に意識的・計画的に取り組む意欲と関心も高められるからだ。

　このようにして夏休みを過ごして2学期の始業日を迎える。「夏休み自慢大会」を翌日に控え，A子ちゃんが「明日，梨と包丁を持ってきていい？」と問うてきた。「包丁で梨の皮むきができるようになったの」だと言う。翌日，仲間の喰い入るような注視の中で，1年生の子どもの手には余るぐらいの大きな梨をクルクル回しながら，真剣な面持ちで皮をむき切った。大きな拍手を浴びながらA子ちゃんは，これまた手際よく28等分に切り分け，子どもたちに梨をふるまってくれた。

　その後の朝の会での「あのネ帳」（仲間に伝えたい・教えたい生活を日記形式で表現する作文帳のこと。生活を深く掘り下げて作文していく「生活作文」の導入として取り上げられている）の発表では，「夕食のカレーづくりにジャガイモの皮をむいて，小さく切るお手伝いをしました」「日曜日の朝，家族みんなの目玉焼きをつくりました」「おやつにクッキーを焼きました」などと，連日のように調理に関する話題が集中した。そのうちに発表活動だけでなく，作品であるクッキーまで教室に持ち込まれ，「おいしい。おいしい」と共感が拡がった。子どもたちの興味と関心は一気に膨らんでいった。

　こんな取組みの中から，共同のおやつづくりに挑戦しようと，ごくごく自然に数人の子どもたちが集って「お料理クラブ」が誕生した。子どもたちは，各自の家庭を交替で会場にし，よりおいしいクッキーやホットケーキをつくろうと挑戦した。

　そんなある日，「今度，私たちのお料理クラブで，ホットケーキをつくります。マーケットで材料を買って，3人で分担します。でも，材料代の合計がわからないんです」「ホットケーキの素299円，牛乳159円，バター338円です。卵とシロップは，家から持って行きます」「299円と159円と338円，全部でいくらになるか？　誰か，教えてもらえますか」と，朝の会で訴えられた。それまで「1位数同士の繰り上がりのある足し算」しか学習していない子どもたちだった。だから，どうしても自力で解決できない。でも，「何とかして解決したい！」というあつい想いと願いが込められていた。

　そんな子どもたちを前に「いままで勉強したやり方で計算できるよ。さっそくやってみよう」と誘った。そうして，「1位数同士の繰り上がりのある足し算」の方法を

第2章　生活を見つめる子ども主体の学び合い活動

応用して，2位数・3位数も同様に計算できることを教えた。筆算形式（縦書き計算）で位取りに注意しながら，子どもたちと一緒に計算し，合計していった。すると，金額は796円となることがわかった。

　さて，次なる難問は，いかにして796円を3人で分担し，1人当たりの集金額を割り出せるかであった。苦渋する子どもたちに「私，ドラえもん。秘密兵器を貸してあげます」と，おももろに教授用教具の大きな百円玉7枚・十円玉9枚・一円玉6枚を提示した。目の前に出された教具を不思議な面持ちで見つめていた子どもたちは，「なんでこんなもので計算できるの？」「どんなふうにやったら，答えがみつけられるだろうか？」と不思議がっていた。ところが数分後，ある子が「わかった！」と勢い込んだ。「トランプのように分ければいいんだよ」と言って，百円玉の教具を3人に1枚ずつ配り始めた。ところが，1人に2枚ずつ配ったところで手が止まってしまった。――「あと1枚，どうやって配ろうか」とつぶやいた。「これは，紙でできているからハサミで切って分けたら」と私が言うと，その子は「そんなことしたら，もっとわからなくなっちゃうよ」と，なおも困り顔である。

　ここでまたまたしばらく問答が続いた。子どもは「どうしても解き明かしたい」というあつい想いがこもればこもるほど，白熱した議論や問答を自主的に展開する。すると，「百円玉を十円玉に代えて」と，要求してきた。そして，19枚の十円玉を百円玉同様に3人に配り始めた。ここでも，1人に6枚ずつ配ると1枚が残った。また，「一円玉に代えて」と要求され，さらに分けられた。結果として5円が2人，6円が1人となってしまったが，「BさんとCさんは5円出して，私が6円出すからいいでしょ」と，"折り合い"のついた解答に学級集団で辿りつくことができた。これで，メデタシメデタシ。一件落着となった。

　　　教師が一方的に子どもに教えることは教育とは言わないということがよく分かりました。教科の垣根を超えて，個人の垣根を超えていける「繋がり」が基本となる科目なのだと感じました。子どもが疑問を持ち，学習要求を持ち，そんな学習課題を持つのは，生活科の魅力だと思います。

　　　　　　　　（S大学・文学部教育学科「生活科概論」での学生の授業感想）

　これは，「夏休み自慢大会」での「生活発表」「生活作文」の発表が，「3桁同士の繰り上がりのある足し算」や「割り算学習」へと学習がつながっていっ

た実践を学習材とした講義での感想である。教育実践が繰り広げる子ども同士・教科同士の「つながり」に注目し，生活科教育の課題と可能性に気づいた一文である。

　教育実践から学び取れる「原則」を汲み取り，その原則性をつかみ取ることが教職課程の学びの大きなポイントである。原則性がつかみ取れれば，教員になったとき，多様で柔軟な実践を創造的に展開できる資質を形成できるからである。

　なお，「生活発表」「生活作文」の発表と交流を通した実践は，何年生であっても，"子ども発"の拡がりと深まりのある学び合いをつくっていくことが可能である。

（2）周りにある"学び合いの芽（種）"

　生活科は，低学年にしか配当されていない教科である。入門期の学び方学習といってもよいだろう。だから，子ども発で，自然な「学び方を学ぶ」学び合いとして組み立てていきたい。

〈事例2　「赤いもの」探検から「タネ」探検へ〉

　このような学習は入学式の当日からスタートできる。緊張と不安の入り混じった面持ちで学校にやってきた子どもたち。そんな子どもたちに，体育館での入学式をすませて教室に戻った後に「今日から小学生です。さっそく宿題を出します」「3組の色（教室の出入り口・靴箱・傘立て等は，クラスカラーで表示されている）は赤です。これからお家に帰るときやお家に帰ってから，赤のものを見つけてきてください」と，宿題を課す。

　これには，大きなねらいがこめられている。どの子も興味・関心をもって取り組める宿題なのである。その上，翌日の朝の会では，誰もが「ハイ」「ハイ」と元気いっぱいに挙手し，発表できる機会も保障されている。

　翌朝は，メモ帳や紙片に書かれた「赤いもの」のほか，赤ちゃんのときに履いていた靴下や幼稚園時代の帽子などの「赤い実物」も教室に持ち込まれた。自信あふれる大きな声での発表が始まる。入学後2日目に，"誰もが学び合いに積極的に参加できる空気"を感じ取ったことだろう。発表が盛り上がった頃，指名されたDさんが，スッと座席を離れ，窓際にやってきて「あのお花」と指さした。教室外にあった花壇

に咲いていた「もの」に気づかされた子どもたちは，「あのお花はチューリップっていうんだよ」「教えてくれてありがとう」と，こんな会話にまで発展した。第2日目にして初対面同士の子ども集団がにわかに"ともに関わり合える仲間"へと成長できた瞬間である。こんな場面が生み出されるような体験や活動を意図的・計画的に配置させたいものだ。

「赤いもの探検」は，その後2，3日も続く。様々な「もの」が続々と教室に持ち込まれた。「面白い赤いものを見つけたよ。台所にあったトウガラシです」と，実物を掲げての発表があった。トウガラシを振り回したときだった。「あれっ，音がする……？」「何か入っている！」——このやりとりが，新たな学び合いのきっかけをつくってくれた。トウガラシの中に入っていたのは「タネ」だった。タネである証明には実験が伴った。子どもたちは，花壇の片隅にタネを蒔き，発芽した姿を見て納得できた。

「赤いもの」探検が「タネ」探検へと進展した。その後は，連日のように様々なタネが教室に持ち込まれた。リンゴ，レモン，小さくて珍しいイチゴ，巨大なアボカドのタネも持ち込まれた。数日後，「これ，何のタネだと思いますか？」と提示されたものは，おじいちゃんの家でもらってきた籾に包まれたコメだった。「それっ，ご飯になるお米？」「そうなんだあ！」と，新たな大発見に感激していた子どもたちは，「お米のタネがご飯になるんだよね」と気づいた。「それじゃ，パンは何からできるか，知ってる？」発展的な学び合いを育てようとした私の問いに，「知ってるよ。麦だよ」と得意気に答える子どももいた。

〈事例3 「食物連鎖の世界」をつかんだ子どもたち〉

「タネ」探検で，「植物のタネ＝植物の"生命"を生み，"生命"を増やす」ことを感じ取った子どもたちは，「人間って，植物の生命を食べちゃうんだあ」と，また新たな発見を導き出した。

4月下旬，学校の南側に広がる田んぼへ「春の野原」探検に出かけた。そこでは，シラサギ・カモなどの多数の野鳥，用水路にはフナ・ドジョウ・タニシ・ザリガニ・アメンボ，田んぼの中にはカエル・オタマジャクシをはじめとした多種多様な虫，畦道にはチョウも飛び交い，草むらの中を這い回っていたヘビも見つけた。

探検の結果をまとめている最中だった。ザリガニがカエルを食べていた光景を思い出した子どもたちは，田んぼの世界に棲む生物の食性を整理して

シラサギ ➡ ザリガニ ➡ カエル ➡ クモ（虫）➡ イネ（草花）

と突きとめ，「つながっている！」「生命がつながっている！」と感動していた。人間

だけの世界ではなく，人間を取り巻く生物の世界ともつなぎ合わせて"いのち"にこだわった学び合いが成立できたのだ。

　　生活科で一番大切なのは，体験活動を通じて学ぶことです。疑問に思ったことを自分たちの力で解き明かし，それを仲間と共有することで，新たな問いが生まれ，学びがどんどん広がります。生活科は，他者との交流がなくてはならない。相手の気持ちの理解にもつなげることができる。
　　　　　　　（D大学・文学部教育学科「教科教育法・生活」での学生の授業感想）

　これも「赤いもの」探検から「いのちのつながり合い」発見に発展した実践を学習材にした講義の感想である。子どもたちの興味・関心は，身近な生活の中にゴロゴロ転がっている。教員の役割として，子どもたちの解き明かしたい問いを整理し，系統的な探究活動や思考ができるよう組織することが大事である。これは，とくに生活科教育実践づくりでの大きなポイントでもあるのだ。

2　「あのネ帳」から拡がる"学び合い"の世界

（1）「あのネ帳」

　「あのネ帳」には，子どもたちの「？」や「！」を主体とした，仲間に伝えたい・教えたい日常生活の一コマを表現させる。そこには，その子なりの興味・関心をベースにした想いや願いが込められている。
　「あのネ帳」の発表は毎日「朝の会」で行う。発表したい子どもの自主的なエントリー制を基本とする。人数が多いときは制限せざるを得ないが，発表したい全員の願いが叶うことを優先する。1時間目の授業に食い込んでしまうこともあるので，時間割表の1時間目には国語か生活科の授業を配当しておく。
　発表の場は教卓の前だ。1年生の頃から仲間の前で発表することをどの子も体験し，自信をもって発表できる力を身に付けさせたい。「みなさん，あのね」と切り出し，聴き手の子どもたちが「なあに？」と応答してから読み始める。

発表後には「質問はありませんか？」と，付け加える。発表された中身の確認とか，補足して説明して欲しい中身の注文などが飛び交う。結果として，こんなやり取りが文章表現能力の向上にもつながるのだ。

　また，発表能力を高めるには，上手な聴き手を育てることが基本となる。話し手の想いや願いを的確に引き出してくれる"仲間がいる"，共感的に心地よく聴き取ってくれる"仲間もいる"ことが実感できるような関係を育てていく。すると，発表内容だけでなく，表現能力も自然に向上する。話し手も聴き手も共に心地よく響き合って活動に参加できる関わり合いを育てたい。

（2）「聞いて，聞いて，私の大発見!!」
〈事例4　「ぶあつい　こおりと　うすい　こおりの　こと」〉

　とても寒い日が続いた1月。連日，子どもたちは「霜柱」や「氷」の実物を教室に持ち込み，それらの大きさや厚さを競い合うかのように朝の会で交流し始めた。そんなある日，新たな発見が「あのネ帳」で発表された。

　　　あさ，学校にいくと，田んぼとかの　水たまりが，ちょっと　こおって　いました。ぜんぶ　こおったり，ちょっとしか　こおって　いない　ところも　あった。
　　　ぼくは，手ぶくろも　しているし，おにいちゃんたちが　はしるのが　早いから，さわるひまも　なかった。今どは，手ぶくろも　しないで　さわりたいです。

　すかさず「T君が見た氷は，どの辺の田んぼでしたか？」「どうして薄いのと厚いのがあったんですか？」と，質問が飛び出した。しかし，「T君が見たのは，田んぼのそばの三田川のところでしょ。私が見た三田川には，ちっとも氷は張っていませんでした」との意見も飛び出す。すると，「それは，ヘンだよ！」「どっちかが，ウソついてる！」と問い質された。T君は，自信をもって反論できなくなってしまった。しばし喧々諤々の議論が沸騰した。

　三田川付近は，子どもたちの通学路である。議論されている問題の場所は，どの子にも明確にイメージでき状況も的確につかみとれる「勝手知ったる」場所だった。すると，数分間の激論を制するかのようにK君が「両方とも本当のことだよ!!」と発言しながら，黒板の前にやってきた。そして，両者の主張する場所を黒板に図示し，

「だってさ。同じ三田川でも陽の当たるところと陽の当たらないところがあるだろ。だから，氷の張るところと張らないところがあるんだよ!!」と説明した。1年生といえども，"点と点"としての事実をつなぎ合わせて"線"としての事実にまで昇華させて思考する力も備わっていることに感激させられた。

　ここには，是が非でも"解き明かしたい問い"の探究に駆られた子どもたちがいたのだ。一人の興味・関心だけでなく，共有の興味・関心にまで高め，すべての子どもたちが参加しうる熱い議論にまで発展させることができたのだ。

　問題の場所までは，教室から徒歩5分である。最後はみんなで現場に行って確認し，納得することができた学び合いになった。

（3）「どうして？　教えて！」私の発見が別の大発見に!!

〈事例5　梅の木に刺してあったトカゲ〉

　「霜柱」「氷」探検に明け暮れた1月も過ぎ，まだまだ寒い日の続く2月下旬，視点を変えた新たな発見が発表された。

　　「うめの花」
　　　ぼくが，おにいちゃんのへやにいったら，（庭に：筆者）うめの花がさいていました。まだ，さいてないものもありました。
　　　トカゲがうめのえだにさしてあって，しんでいました。

　発表者のF君は「まだまだ寒いのに，もう，梅の花が咲いた！」と伝えたくて綴ってきた「あのネ帳」だった。しかし，発表後の質問では，「梅の花が咲いてきたのを見つけたのはすごいけど，どうしてトカゲが刺してあるんですか？」「トカゲはどんな形をしていましたか？」「なんでトカゲはミイラみたいのになっていたんですか？」と，子どもたちの興味・関心は一気にトカゲのミイラへと移っていった。

　子どもたちの"解き明かしたい問い"は「誰がそんなことをやったんだろう？」で一杯だった。すかさず「図書室に行って調べよう」と動き出した子どもたち。しかし，残念ながら図書室には解明してくれる図鑑がなかった。どうしても「解き明かしたい！」と子どもたちは念じていた。帰りの会でS君は「今日，市立図書館で借りた本を返すんだけど，誰か一緒に図鑑を探しに行ってくれませんか？」と呼びかけた。すると，「行く！　行く！」「オレも連れてって！」と，5人の探究集団が瞬時に結成された。

第2章　生活を見つめる子ども主体の学び合い活動

　子どもは"解き明かしたい問い"に遭遇すると，旺盛に探究心を発揮し，学級集団を組織し，自らの学びを探究していくと，実感できた瞬間だった。子どもは，自らの"要求実現"のために"学びたがる"のだ。これが本当の学びの世界ではないだろうかと，子どもたちに教えられた瞬間でもあった。
　翌日には，市立図書館で調べてきたくれた子どもたちは，「あのネ帳」で「トカゲのミイラの正体はモズのはやにえ」であったと紹介した。子どもたちは，野鳥であるモズの知恵や習性に驚異を伴った納得感を獲得することができた。「野鳥の知恵・習性」に感動した子どもたちは，その後も「あのネ帳」で「野鳥の智恵・習性」について調べてきて発表を繰り返していた。地域で目にする野鳥の観察結果を発表したり，図鑑で調べた野鳥の知恵・習性をクイズ形式で発表したりもしていた。この学び合いは，学年末まで続き，最後はアルバムにまとめて手づくりの学級図書として残していった。

　　子どもが自然に学び始めるときは，「これが知りたい！」「あれは何だろう？」と疑問を持ったときだと思った。何かをやらされている，勉強させられているという感覚では，子どもの積極性は育たない。子どもは，興味を持ったら，自然に学び始めると思う。ただ，子どもは1人1人違うので，興味を持つ分野や話も違う。どうすればクラス全員が関心を持ってくれて自然に学び始めるか，その方法を詳しく知りたい。
　　　　　　　　　（Y大学・教育学部「教育課程・方法論」での学生の授業感想）

「ぶあつい　こおりと　うすい　こおりの　こと」「うめの花」からの実践を学習材とした講義での感想である。講義では，自らの子ども期の学習体験を踏まえつつ，提起された教育実践の課題と成果を批判的に学び取ることが大切である。同時に，自分なりの学習課題を設定しながら学び続けることがきわめて大事だ。実践をつくり出した環境や背景をつかみつつ，子どもたちの実態や発達課題をも捉えながら「ひとを育てる」営みとしての教育のありようをかぎ取りたい。

（4）ネガティヴな話題を共有する
　ときどき「あのネ帳」には，子どもたちのネガティヴな生活実態や想いも登

場する。低学年の子どもでも,「失敗」とか「過ち」には「恥ずかしい」「隠したい」といった想いを抱いている。そのような失敗や過ちは誰でも犯す。だからこそ,その失敗や過ちをともに学ぶべき課題として位置づけたい。ネガティヴな言動に対する子どもたちの捉え方は様々である。そこには,それまでの育ってきた歩みから学習した結果としての"ちがい"が存在する。だからこそ,常に,教科学習・教科外学習の如何にかかわらず,"ちがい"を受容し,理解し,意識的に捉え,集団的に克服できる"力"として養っていきたい。また,ネガティヴな想いを乗り越え"折り合わせて"生活を切り拓いていく,その方法を共同の学び合いとして組織したいのである。

　だからこそこうした中身の「あのネ帳」が登場できる教室の環境や空気を日常的に醸し出させておきたい。

〈事例6　「みなさんにお願いです！」〉
　　1年生9月のある日,Mちゃんは思いつめたような面持ちで次のような「あのネ帳」を発表した。

　　　　「おしっこするよ」
　　みなさん,あのね。がっこうと　がくどうで,一ども　トイレに　いかなかった。いえにかえって,おしっこをしたら,まっきいろ　だった。びっくりしておかあさんに　いったら,
　　「なんで,トイレに　いかなかったの！」と,すごくおこられた。
　　わたしは,おしっこをするとき,しっぱい　しちゃいます。おしっこが　よこにいって,ふとももに　かかったり,トイレ（和式トイレ：筆者）を　よごしてめいわく　かけてしまうので,がまん　しちゃいます。
　　おしっこを　たくさん　だすように,ポカリや　おちゃを　ゴクゴク　のんだ。
　　おかあさんは,「おしっこや　うんち,おならは,がまんしないこと」
　　「やすみじかんは,トイレに　かならず　いくこと！」と,どなった。
　　わたしは,なきながら　「はい」と,いいました。
　　みなさん,おねがいです。トイレに　いくとき,さそってね。

　実に切実で深刻な「お願い」が発表された。子どもたちは,改めて「我慢してはいけない"我慢"もあるんだ」も学ぶとともに,「我慢できるか」「できないか」という

程度の差＝"ちがい"があることも学んだ。

　授業中でも、いとも簡単に「トイレに行ってもいいですか？」と言える子どももいるが、なかなか言えない子、仲間の行動を観察しそれに合わせてでしか行動できない子もいる。とかく一人だけの世界に生きがちの1年生の子どもたちにとっては、仲間の言動には、自分と異なった"ちがい"が"ある"ことを学び取り、それらを理解し、受容し合う「生き方」が求められる。

　すると、この「あのネ帳」に触発されたかのように、

　　　「おなかが、いたい！」

　　みなさん、あのね。けさ、あさごはんを　たべはじめたら、きゅうに、おなかが　いたくなったよ。たべおえたら、がまんできなくなって、トイレに　いったよ。

　　トイレに　いったら、おとなしの　おならが　3ぱつ　でたよ。じぶんで　つくった　へんなうたを　うたったよ。「う〜ん」って、うなったら、「スウ〜ッ」って、うんちがでたよ。

　　なん日も、ずうっと　うんちが　でなかったので、スッキリしたよ。おなかがいたいのも、すっかりきえたよ。

　こんな作品も続いて発表された。自らの身体の変化をかぎ取り、健康に対する関心を養わせることも大事だ。あわせて、失敗や過ちを交流し合い、共同の学び合いへと発展させる。そのためには、ネガティヴな生活をも曝け出し、表現し、交流し合うことの意義と価値を子どもたちが実感的につかみ取らねばならない。実生活に根づいた学び合いは、ともに響き合って成長・発達させる土台を形成してくれるのだ。

（5）仲間とつながり合って学び、成長する
〈事例7　不安を抱えるR君と「あのネ帳」〉

　入学当初からお母さんに付き添ってもらわないと登校できなかったR君は、2学期以降、集団登校ができなくなってしまった。毎日、登校班とではなく、やや遅れて母親とともに教室にやってきた。だから、R君が登校するのは、朝の会での「あのネ帳」の発表途中か、その発表後の時刻になってしまっていた。

　春の兆しが感じられるようになった3月中旬のある日、いつものように「あのネ

帳」発表の最中にR君は登校してきた。教室に入るとランドセルを机の上に置き，「あのね帳」を抱えて，いそいそと発表順番待ちの列に潜り込んだ。「絶対，今日は，みんなに聴いてもらいたいんだ！」といった意欲がみなぎっていた。それは，いつものR君とはまったく違った人格に見えた。

毎日，発表された作品の中で最も多くの子どもたちの興味・関心と共感を惹きつけた作品は，記念作品として学期ごとに発行される文集に掲載される。その日に選ばれたのはR君の発表だった。発表後の質疑応答を受け，子どもたち全員で集団的に推敲してできあがったのが次の作品である。

「うぐいすのこえ」

　みなさん，あのね。学校にくると中，うぐいすのなきごえを　きいたよ。田んぼのそばの　はしのちかくの　のうかのおうちの　にわのほうから，「ホーホケキョ」って，一かい　ないてたよ。とってもかわいいこえ　だったよ。

　おかあさんは，かえりに　もう一かい　きいたんだって。でも，あんまり上手ななきごえ　じゃなかったんだって。

　おねえちゃんは，うぐいすのなきごえを　きけなかったので，くやしくて「目白を見たよ」っていったよ。でも，ほんとに見たか　どうか　わかんないよ。

　あしたのあさは，おねえちゃんと　いっしょにくるよ。おねえちゃんに，うぐいすのなきごえが　きこえてくる　ばしょを　おしえてやるんだ。

　みんなは，うぐいすのなきごえ，きいたかな？

推敲前のR君の「あのね帳」には，「明日お姉ちゃんに絶対聞かせてあげたい」という想いと願いがこめられていた。発表後の質疑応答の中で「誰に一番，うぐいすの声を聞かせたいですか？」の問いに「みんなにも聞かせたいけど，お姉ちゃんかな」とはっきりと答えた。しかし，集団登校ができていないR君の事情を知っている子どもたちは，「どうやってお姉ちゃんに聞かせてあげるの？」と心配そうに問うた。ここで，意を決したかのように「ほんとに明日，お姉ちゃんに聞かせてあげたいの！」と答えたR君。子どもたちは一斉に「ほんとに明日，お姉ちゃんに聞かせてあげたいの？」「それじゃ，登校班で一緒に来られるの？」と問い返した。即座に「うん。明日から登校班で来る！」と決意したのだ。

事実，翌日は登校班とともに登校してきた。その後の1年生3学期はもちろん2年生以降も，連日登校班で通学できるようになった。実に"華麗なる変身"を遂げたR君だった。

発表を通して、聞いて欲しいと思う気持ちを持った発表者と聞きたい、知りたいと受容的な聞き手。間違えや失敗を受け入れ、そこから学べる環境など、仲間と繋がり合うことの喜びが育っている。知っていること、分かったこと、疑問に感じたことを共有したい気持ちも溢れている。それを実現できる教室（居場所）が大切であると感じた。

（S大学・文学部教育学科「生活科概論」での学生の授業感想）

　これは「うぐいすのこえ」からの実践を学習材にした講義での感想である。この実践でのキーワードは「つながり」であろう。子どもたちは、仲間とつながり合って共同の生活を営む。仲間とつながり合って学び合う。子どもたちは、この「つながり合う」ことに、心地よさを感じている。

　R君は、自分も仲間とともに「一緒に」学校での生活を過ごしたい、仲間と「一緒の」学習活動に参加したい。何よりも、仲間とともに遊び・おしゃべりし、給食を食べ、当たり前のように仲間と「同じ」ように登下校できるようになりたいとの想いや願いを抱き続けていたのだろう。その想いや願いを実現させるチャンスに遭遇できたのだ。それまで、このチャンスを形成するための「暖機運転」的なチャレンジをしてきたのであろう。子どもたちの成長や発達には、「待つ」ことも大事だ。その子なりの「折り合い」がつけられるよう待ってあげるのだ。失敗や間違いを共有し合い、その克服のための学び合いをつくり育てていくためにも生活科が担う役割とその可能性は小さくないであろう。

引用・参考文献

小川修一（1994）「どの子にもわかり合う喜びを」季刊『エデュカス』No 5, 108～113頁。

小川修一（2005）「子どもたちの問いから創る学び合い──『生活科』実践で切り拓く授業改革」柴田義松編著『授業改革を目指す学習集団の実践──小学校低学年』明治図書, 24～61頁。

小川修一（2005）「実践記録の積み重ねから見えてくるもの」教育科学研究会編『教育』2005年12月号, 25～30頁。

> **学習の課題**
> (1) あなた自身が生活の中から"解き明かしたい問い"を見つけ,仲間の"解き明かしたい問い"と結び合わせ,主体的・集団的な探究活動に取り組もう。
> (2) 「生活発表」「生活作文」を生かした実践記録から「生活発表」「生活作文」のもつ意味を探究しよう。その上で,改めて"学ぶ"ことの意義と価値を追究しよう。
> (3) 探究活動の成果や課題の発表・交流活動を通して「さらに探求したり深めたりしたい」課題が広がっていく実践記録から,学びを共有化し発展させることの意味を探究しよう。

【さらに学びたい人のための図書】

小川修一(1999)『いきいき探検学級 「お話聞き隊」が行く!』民衆社。
　⇨ "解き明かしたい問い"を探究し合う"子ども発"の学び合いづくりを紹介している。

佐々木勝男監修,小川修一編集(2005)『こうすればできる!授業の技術と実践・生活科・小1,2年』ルック。
　⇨子どもの実態や地域に根ざした創造的な生活科実践づくりの事例が満載である。

水内宏・小川修一編(1997)『生活科』(「教え」から「学び」への授業づくり――小学校⑥)大月書店。
　⇨「学びの改革」を目指す生活科実践の理論と実践を紹介したアドバイスが満載である。

(小川修一)

第3章 「学校で学ぶ」入口
——子どもを受容することから

この章で学ぶこと

　入学したばかりの子どもたちは「学校」という新しい環境の中で，期待と不安でいっぱいになっている。生活科を通して子どもたちが，「学校」というところがどのようなところであるのか，どんな人たちが自分に関わり支えてくれるのかがわかって，安心できるようにしていきたい。初めは教えられながらも徐々に自分でできることが増えれば，「学校」は自分の居心地のよい場所となるだろう。同時に，この学習活動が1年生最初の生活科の題材であることから，「学ぶ」ことの楽しさも伝えていきたい。合わせて，子ども自身と教師とでつくりあげる「協働の学び」としても展開させていく。そうした学習のイメージを学び取ってほしい。

1　子ども理解——楽しく・深く・みんなで

　教材研究したり教育計画を立てたりしながら，同時に「子ども理解」を深めていくことは，あらゆる教育活動において大切である。入学当初の生活科では，とりわけ身の回りの身支度，登下校での約束事，学校での約束事など，事細かに確認していく活動が多くなる。そうなると，「教える」ことに目が向いてしまい，「子ども理解」が後回しになってしまう。ところが，授業やクラス活動が進むにつれて，「課題」のある子が見え始めて，そこから「子ども理解」に目を向けていくということが往々にしてある。

　そこで，本章においては，あらゆる教育活動，当然生活科においても，そのスタートと同時に「子ども理解」を深めていくことが大事であるとの観点から，あえて「子ども理解」のアイテムから学習を深めていくことにする。

（1）「気づきメモノート」のすすめ

　普通のB4ノートの表紙を開く。そこから裏表紙までの中ページの端だけ縦に1cmほどカットする。そこにインデックスを貼り，子どもの名前を書き込んでいつも手元に置く。見開き2頁が1人分。これを「気づきメモノート」と名づけている。カットしてからインデックスを貼るのは，ノートを閉じたとき子どもの名前が書かれたインデックスが隠れるためである。

　このノートには，授業中でも放課後でも，いつでも何か心に響く言葉や様子を感じたら，勘所の言葉のみでよいので，すぐにメモをする。後から日付や前後の様子などを簡潔に書き加える。簡単な備忘録だ。あくまでも「メモ」だから，字の美しさや体裁を構う必要はない。子どもとしゃべりながら，視線を落とさず手元を見ないで書くこともある。個々の子どもの学習・生活支援や学級通信を書くときや，子どもの様子や言葉を再現するときに役立つ。そして，何よりも「子ども理解」の指針となる。

　この「気づきメモノート」を折に触れて，パラパラとめくってみる。すると，自分の子どもの捉え方に気づく。1週間のメモがいっぱいで，追加頁を貼る子どもがいる。しかし，そうした子どもへの書き込みの内容は大抵トラブルなどのマイナス要因が多い。反対にメモのほとんどない子がいる。そうした子どもは，おとなしくトラブルはないが，いわゆる「存在感」の薄いタイプだ。どちらにしろ，「もう少し違う観点・家庭環境・兄弟関係などでもみてみよう」「この子の得意や輝くところは何だろう？」「友達との関わりで気をつけることは何だろう？」と，担任が子どもに向ける視線・視点への模索のヒントになる。

〈事例1　乱暴で落ち着きがなかったY〉

　Yは，「乱暴で落ち着きがない。理由なくイライラして，友達を押したりたたいたりする。みんなから怖がられていた」と保育園から申し送られてきた。いつも上目遣いで，手元には彼によって原型が判別できないほどに壊された，えんぴつ・筆箱・消しゴムなどの文房具が散らかっていた。名札やシャツをかんだりしゃぶったりする。通りすがりの子にパンチ。ちょっと視線が合うと，「何で見たんだあ」とすごむ。そのYの「気づきメモノート」には次のように書き込んでいた。

◆4月初旬　トラブル多発。相手にけが。連絡。

- ◆ 4/16 「Yが蹴った，たたいた」の訴え多。副担任の胸を触る。児童クラブ，若い先生にずっとだっこ。落ち着くように？
- ◆ 5/1 友達のお守り，ランドセルから引きちぎる。その子の抗議で逆ギレ。殴る。蹴る。人の物をすぐさわる。輪ゴム飛ばしに熱中。ひも・名札・服をしゃぶり続ける。粘土得意。
- ◆ 5/14 渦巻きじゃんけんゲーム。線間×，線上を走る。
- ◆ 6/2 配布プリント，わざと落とす。後ろの子が慌てて拾う。「ざまあみろ」と笑う。相手の気持ちを察すること苦手。よく手が挙がり，学習意欲感じる。算数は数を数えることが好き。
- ◆ 6/9 熱心にノート。名札しゃぶりは続く。「～ねばならない」のストレス度合いが強い？

　これらの「気づき」から，Yにとっても楽しくて，心からやりたいと思わせる教材や授業をいままで以上に準備することにした。それはYだけでなく，どの子にもあてはまる当たり前のことである。しかし，Yの気持ちが乗ってきやすいよう，言葉かけのタイミングなどに，より一層の配慮をする。

　ひらがなの指導が進み，学校生活にもかなり慣れてきた4月終わりから，「粘土で文字をつくる」指導を始めた（図3-1）。ちょうどこの頃から，字形を構成する要素が複雑になってくる。プリントと鉛筆を使った学習が終わった子から，粘土で習った文字をつくる。時間のある子は，その文字が入った単語も粘土でつくってみる。友達同士で見せ合ったり，直し合ったりする。よくできたところをどの子にも褒めながら指導していくが，Yの作品にはとくにいいところを見つけ，意識的にみんなに紹介した。すると，「Yくん，粘土が得意だもんね」と学級のみんなも応えた。こうして，Y自身も居心地がよくなるように，学級の中に彼のプラスの存在を印象づけていった。

　9月，2年生が育てているサツマイモの葉っぱを分けてもらい（図3-2），この葉っぱが戦中・戦後の貴重な食料であったことを学ばせながら，実際に食べてみる体験の時間をとった。まだイモを育てている最中なので，あまりたくさんの葉を取るのはよくない。

　こういうとき，かつてのYは一人で勝手にどんどんやってしまうところが

図3-1　粘土文字　　　　図3-2　サツマイモの葉っぱ遊び

あった。しかしこのときは，ルールを守ってみんなと同一歩調でやることができた。少しずつではあっても「他人と楽しさを共有する」ことができるようになっていたからだ。そしてそのことは私が彼に「みんなと一緒にがんばったね」と伝え，学級通信で学級全体の様子として親たちに発信していった。

このように「気づきメモノート」は，子どもの新たな発見のヒントを与えてくれる。また，個人懇談会や，通知表の所見，教育相談やカウンセリングにも役に立つ。個人情報満載なので，取り扱いには十分注意が必要であることを踏まえ，書き込みながら「子ども理解」を深めていくことが大切である。

(2)「発達」を事実に即して学ぶ

生活科では，評定（到達度を見る）することよりも日々の評価（発達の事実を受け止める）を大切にする。また，「子ども理解を深める」ことは「発達を事実に即して学ぶ」ことでもある。

〈事例2　自閉症のT〉

「受け身型自閉症。生活レベルは3歳半程度。できないことやわからないことがあると床に寝転がり，手足をばたばたしていつまでも泣いている。支援学級入級が適当」が保育園から申し送りされてきたときのコメントである。

自分の名前を書くときTは「ぼくこれとくい」と言いながら「た・し」と書き，間

の文字を埋めていく。つまり，文字としてではなく，絵として認識しているのだ。筆順も書くたびに違う。「つくし」と書くとき，「し，し……」と言って迷う。「T君の名前の中にある『し』だよ」と言ってもわからない。算数でも，10まで数えることは得意だが，数字と数唱は一致しない。支援学級から「ひらがな積み木」を借り，書いた文字と積み木の文字とをマッチングさせた。マッチングは簡単にできたが，その文字の読み方は難しい。積み木の裏の絵を見て，キリンだから「き」と答える。

図3-3 「あきみつけ」にいったよ

　こうしたTであるために，どうしても個別指導が中心になってしまう。だから，子どもたちの中でも「T君，できんよ」「どうしてT君を手伝うの？」という声が上がってしまう。保育園でも「T君お手伝い係」がいて，すべてを手伝っていたという。友達に手伝ってもらえば，その場は何とかやり過ごせる。だが，本当にそれでよいのだろうかと考えた。

　そこで，「頼んだのではない仕事に気づき，その仕事を進んでやれることはすばらしいね」など，T自身の頑張る姿を帰りの会で取り上げ，みんなに知らせるようにした。いつもは，みんなに助けてもらうことの多いTだったが，自分のしたことを褒められるようになって，とてもうれしそうだった。黒板の片づけは本来，日直の仕事だった。日直ではないTがその仕事をしてくれていたことに気づいた日直の子たちは「ありがとう」とTに言った。クラスの「仲間」として認められるきっかけになった。

　10月になり，生活科の「秋みつけ」で公園へドングリを拾いに行った。公園から帰って描いたのが図3-3の絵だ。クヌギやシイなど，大きなドングリを拾ったTは，大きな木の下で誇らしげにビニール袋を手にしている。右側のうまくいろいろな物が拾えずに泣いているKに対してTは，手のひらにいくつかのドングリを載せ，「これあげるよ」と大声で伝えている。困ったときにいつもみんなで支え合う子どもたちに育ってきていた。だから，今度は僕がということなのだろうか。名前もタイトルも相変わらずうまく書けないが，絵から伝わってくる温かさには感動させられた。

　「問題行動を発達要求と捉える」という原則を大切にしたい。人間の子ども

である以上，理由のない行動はあり得ない。ただ，常識的に考えると，理由が「見えない」だけではないか。その子が，願いを"屈折した行動"で示しているのではないか。とすれば，その子の問題行動を「なぜ」と問い，「そうせざるを得ない何かがあるのだな」と共感的に寄り添う。当初，どんなに手を付けられなく見えようと，どの子も必ずキラッと光る場面を見せる。そこから，その子の可能性やきっかけを探り，実践を出発させる。

　発達課題を抱える子が，相互に刺激し合って，「学級崩壊」状態に陥るのを私は何度も見てきた。

　担任一人では難しいときは，助けを求めることも必要だ。それを言い出しやすい教師集団にしなくてはならない。私のいた職場でも，教頭に入ってもらう，市から職員を加配してもらう，臨時に複数担任制を敷くなど，あらゆる方策を模索しながらやってきた。

　子どもが，楽しい学びと励ましてくれる「仲間」を支えに伸びるように，教師にもまた励まし合う集団が必要なのだ。

2　学校生活のスタート

（1）園生活とは違う生活時間

　保育園・幼稚園（以下，園）を終えて学校生活が始まると，「子どもたち自身で登校も下校もする」という生活が始まる。そのために，いままでは送り迎えをしてもらっていたが，小学校へ上がると同時に自分たちで通学することが求められる。入学当初の1年生にとってこれは緊張感があり，「心身ともにかなり疲れる」ということを把握しておくことが大切だ。

　次に，生活時間が大きく変わる。園の頃よりも早く起きる必要がある。保育園出身の子どもたちは比較的に早起きかもしれないが，バスのお迎えが8時半～9時だったり，親との登園が9時半までだったりした幼稚園出身の子どもたちにとっては慣れるまで大変なことである。多くの小学校は，8時10分ぐらいまでに登校する。逆算すると，登校班の集合・出発時刻はその20～40分前にな

る。家を出るのは7時半頃。子どもによっては，園と比べて2時間ほど違うこともある。なかなか小学校の生活リズムに乗りにくいというのもうなずける。そして，寝坊や朝食ぬきでは，授業以前にいろいろな問題がある。1時間目は大脳が目覚めないまま学習活動を始めることになる。また，子どもの訴える「腹痛」は，大半は排便してこなかったことに原因がある。

また学校は，時間割に沿った生活であることから，気が乗らないから「後で」とか「様子をみる」とかいう手立ては取りにくい。

（2）園生活とは違う環境

園に比べ学校は校舎が大きく何棟もある。運動場も園の数倍の広さだ。チャイムが鳴っても昇降口へすぐに辿りつけない子や，保健室からの道順がわからず校内でちょっとした迷子になってしまう子もいる。トイレも各教室の近くにあるとはいえない。便器は大人用で，鍵付き，フラッシュバルブ式で水圧も高い（水の勢いが怖いからと流さない子がいた）。園では保育スペースから直行でき，スイングドアで，便器も子ども用，しかもロータンク式のところがほとんどだ。それで学校のトイレを「怖い」と感じて，家へ帰るまで我慢してしまう子もいる。

体育・音楽・行事などで，教室を移動することも多い。友達も増えるし，教師・他学年など「人」も多い。環境の変化や集団行動に慣れにくいタイプの子は，このことだけでも相当のストレスになる。

それでも子どもたちは「学校に通うお兄さん，お姉さんになったんだ。もう小さい子ではない」と，自らを鼓舞し，一生懸命に学校生活を送るのだ。いじらしいではないか。

（3）園生活とは違う学び

1年生の子どもたちは「勉強」が大好きだ。ノートと鉛筆を使うことに「憧れ」にも似た気持ちがある。「勉強しようよ」「宿題出して」というかわいい声は，この時期だけの「宝物」かもしれない。大切にしたい。

その一方で，座学が中心になっていく。いままでの遊びが中心だった生活スタイルとは一変する。だから初めは，チャイムが鳴っても遊びから切り替えられないし，教室にいたとしてもすぐに座れない子もいる。そこで「約束事」が示される。チャイムが鳴ったらどうするか，この授業のときには何を用意するのかを身に付けていかなくてはならない。そして45分間，その時間の学習課題に集中していかなくてはならない。だからこそ「あっという間の45分」と思えてしまうような，「楽しく」「わかる」授業が大事なのである。

　また，大規模な人数の学校には「ろうかは走らない」「今日体育館を使っていいのは高学年」など，様々な「きまり」もある。安全上納得できるものもあるが，「えっ，これもダメなの？」と驚くものもある。その「きまり」ができた理由をともに考えることも，集団生活への新たな学びにつながる。1年生の興味は至る所で尽きない。それを是非「楽しい学び・深い学び」へつなげたい。

3　心の安定をつくる

（1）学級の子どもをつなぐ

〈事例3　「名刺交換」〉

　子どもたちに「友達たくさんつくろうね」と言うと，すぐに「100人！」と声がかかり，「♪1ねんせーいになったら……」の歌が始まる。こんな乗りのいい学級開きにしたい。「じゃあ，自分の名前をおぼえてもらおうよ」と声をかけ，「名刺」をつくる。画用紙にかわいい飾り枠を印刷しておき，枠の中に自分の名前を書く。かな文字で書けない子は似顔絵を書くのでもよい。枚数はそのときの子どもたちの実態で決めたい。

　楽しいゲーム歌「猛獣狩りに行こうよ」などで3〜4人ぐらいのグループをつくり，グループ内で名前を言って「名刺交換会」をする。たくさんの名刺をつくるのはまだ難しいので，着席したら紹介タイム。

　「〇〇園から来た子たちを紹介します」「はじめは△△さんです」と立ってもらう。そして同じ園から来た子たちに「他己紹介」を頼む。これは恥ずかしがってうまく言えない子への配慮で，自分で言えるなら，追加で「自己紹介」もする。質問も受け付ける。そしてその子の名刺の裏に簡単なメモをする。たとえば，バナナが好きとわ

かったら,「バナナ」と字や絵を書く。まだ文字を十分書けない子もいるので,メモはごくごく簡単でよい。また,写して書けるように教師が同時に板書するのもいい。同じ園から来た子がいない場合は,教師が代わりにできるように準備する。こうして全員の紹介が終わると自分の手元には,その子の特徴を書いた名刺が残る。

【猛獣狩りに行こうよ】
① 「猛獣狩りに行こうよ」の歌を教員がリードしてクラスみんなで歌う。
　猛獣狩りに行こうよ！（猛獣狩りに行こうよ！）
　猛獣狩りに行こうよ！（猛獣狩りに行こうよ！）
　ライオンなんて怖くない！（ライオンなんて怖くない！）
　ワニなんて怖くない！（ワニなんて怖くない！）
　槍だって持ってるもん！（槍だって持ってるもん！）
　鉄砲だって持ってるもん！（鉄砲だって持ってるもん！）
　友達だっているんだもん！（友達だっているんだもん！）
② 続いて担任が「あっ！」と言って指を指す（何でもよい）。
　子どもたちも応えて「あっ！」と言って同じ方向を指さす。②を数回繰り返す。
③ 次いで担任が「ライオン！」と言ったら,その動物の音の数の仲間が集まる。

その日の宿題は,「名刺をうちの人に見せて,その子の好きなことや様子を教えてくること」だ。翌日は,宿題をやった様子の報告会から始まる。そして報告会の様子は「口頭作文」（教師が子どものつぶやきを作文したもの）として学級通信に綴り,各家庭へ配る。自分の名前が載っているので子どもたちは大喜びだ。

この他にも,子どもたちに自分の名前をアピールできる方法をいろいろと工夫したい。私は「サラダの白身ではありません。はらだひろみです。」と自己紹介することにしている。子どもたちは面白がって,「サラダの白身先生,じゃなくって,はらだひろみ先生」とわざと呼びかけてくる。

このように,生活科に限らず,音楽で,体育で,とあらゆる授業や場面で,子どもたちに「みんなで」何かをすることの楽しさを味わわせたい。

（2）他学年の子どもをつなぐ

私の勤務校では「ペア学年活動」が盛んだ。1年と6年,2年と4年,3年

図3-4 ペア読書

と5年がペアになる。「ペア給食タイム」「ペア読書タイム」「ペアゲームタイム」「運動会ペア種目」と，年間を通じて原則1対1のペアと，ペアを2，3組み合わせたペアグループをつくって活動する。低学年が高学年に「お世話になる」のだが，6年生はとても張り切る。児童会で活躍する子だけでなく，すべての6年生に「出番」をつくることができるからだ。また，6年生の親からは，小さい子に慕われ世話をするわが子に「確かな成長を感じる」と好評だ。1年生の子にとっても，かなり体格のいい（ときには自分の親より大きな！）おじさんのようなお兄さんに，優しくされるのはうれしい。だから，上述の「校内迷子」たちは，高学年の子たちが心得て，誰に頼まれるのでもなく，学級へ送ってくれる。

　様々な取組みは，教師の負担が増える面もあるから，地域・学校の実情に合わせて実施していくことが長続きのコツといえよう。

（3）教師集団と子どもをつなぐ

　新入生の中には，特別な状況や状態の子もいる。そうした子どもたちも安心して学校に通えるようにするために，「その子理解」を全教職員で進めていくことが大切である。生活科での学校探検などを通して，全教職員と1年生とが出会える機会をつくりたい。

〈事例4　「チューブ」を装着していたH〉

　Hは脳幹部腫瘍の手術後，今後のことも考えて「チューブ」を抜去しないままの生活をしていた。保護者からは「脳の頭頂部に刺激のあることは絶対に避けてほしい」と依頼があった。差し当たっての注意は鉄棒・マットなどの器械運動だが，担任一人で配慮するのは難しい。職員室の朝の打ち合わせで，「先生のお使い」としてつれてきたHの顔と名前を覚えてもらった。Hは，学校の教職員みんなに顔を覚えてもらうことでの安心感を得ることができた。担任のみならず，他の教員や様々な職種の職員

と1年生がつながれる機会が，改めて大事だと思わされた。

（4）生活科で個性を輝かせる
〈事例5　虐待が疑われたA〉

　家庭内での虐待が疑われるAは，すさんでいて暴力的。みんなに恐れられていた。園からの申し送りでも，「同じクラスにしないでほしいと依頼のあった家庭」がいくつも書き込まれていた。学習態度もよくないし，なかなか褒める機会がなかった。

　生活科で学校の飼育小屋にいる鶏を観察し，みんなでエサ（野菜やキャベツを刻んで米ぬかと混ぜる・貝殻を金槌で細かく砕く）をつくった。担任である私が「鶏も本当は外で自分で好きなえさを食べたいよね」と言うと，Aは「えーっ，外に行ってもエサなんかないよ。困るだけじゃん」と言った。食べ物への執着があり，いつも二人前は給食を食べるAゆえに，敏感に反応した。「食べられる草はちゃんと自分でわかるし，ハコベは大好物。おやつだよ」と教えると，「ハコベってどれ？」と聞く。すると次の休み時間に，飼育小屋にせっせとハコベを持って行くAと会った。「あいつらさぁ，すごく喜ぶよ」とうれしそうだ。

　そこで，このことを職員室で話題にし，Aに会ったら褒め言葉をかけてもらうように依頼した。何日か過ぎたところで，Aは「ねぇ，あいつらがもっと好きな物ないの？」と質問してきた。そこで「実はね，もっと好きな物があるけど，なかなか見つからないかも。ミミズだよ」と言うと，「どこにいるの？」と目を輝かせた。それから，いそうな場所を2人で探し，スコップも貸し出した。鶏たちはハコベとは比較にならないほど喜んで，奪い合って食べた。興奮したAは，「スコップ貸りとくね！」と言って，それからはミミズ掘りに夢中になった。この様子も職員に伝えた。「褒めても警戒心丸出しで，なかなか視線も合わせなかったけど，最近出会うと笑うんだよね」とか，「ミミズをスコップいっぱい捕って『動くスパゲティ』って見せてくれた。ちょっとゾクゾクしちゃった」とか，職員室で話題が出るようになった。職員たちはさりげなく，しかし的確にAへ「褒め言葉」というエールを送ってくれた。

　Aは次第に学級の中でも仲良く過ごせる仲間や場所をつくれるようになった。とくに昼休みの「エサ作り」に燃えた。みんなでミミズを探し歩く先頭にAはいた。そして，「母ちゃんに褒められた」と家での様子を教えてくれるようになった。その頃にはAは，教師にも周りの子にもとげとげしい態度をとらなくなった。学級通信でこういう様子も発信した。

生活科は，こうして様々な課題をもつ子の中にある可能性を見出せる所に面白さがある。ついつい教師も，子どもも，そのクラスの親も，とくに「課題」をもつ子に対して固定的な目を向けてしまう。しかし，そうした子たちは，生活科の様々な体験活動の中で発揮する素晴らしい個性を見せるものである。入学したばかりの1年生に，様々なルールを教えることはある程度必要ではあるが，そこにばかり目を奪われずに，入学当初から様々な体験活動をスタートさせていきたい。

4　学校探検に出かけよう！

(1)「たんけんタイム」

　学校探検は，子どもたちの大好きな，そして広がりのある「学び」である。学校探検に行く前日に，各教室の前扉にひらがなで教室名を表示しておくとよい。そうすることで，関係する教職員も意識して関わってくれる。

　まず，全員を引率して，全体の様子を見学する。最初に向かうのは，何かあったときに一番に駆けつける場所，「職員室」である。見学に行ったときに居合わせた先生には，自己紹介で協力してもらう。兄姉のいる子どもは入学前から学校や教師のことをある程度知っているので，「あっ，お姉ちゃんの先生だ」などの声が出る。

　職員室の隣には「校長室」がある。校長の在室時に訪問し，少しお話をしてもらう。校長の人柄が出る。

　この他にも，骨格見本のある「理科室」や，自分より大きな金管楽器やドラムのある「音楽室」などもある。「パソコン室」では，少し操作も体験させ「ここで早くやってみたいなあ」という気持ちを高める。

　一通り校舎全体を回ってから，別の機会にはグループ活動を行う。4人ずつのグループで，今度は1年生だけで学校探検を行う。あらかじめおよその目的地をそれぞれ確かめたら，活動の注意点を2つ確認する。「静かに」と「4人一緒に」だ。事前に各教職員には，「授業中の教室に入ってもいい場合は，後

ろのドアを開けておく」ことをお願いしておく。テストを実施しているようなクラスではない限り、ほとんどの教職員が迎えてくれる。しかも、1年生が教室に入ることで、「緊張して取り組む雰囲気」が高まると、高学年の教員からも喜ばれる。また、通学班でい

図3-5　学校探検・校長室

つも優しいお兄さんお姉さんが、難しそうな学習に取り組んでいる様子は、1年生にとっては憧れや尊敬の対象となる。兄弟関係を把握していて、「兄弟対面」をやってくれる担任もいる。兄や姉の机のそばに呼び寄せて、「私の妹です。よろしくお願いします」などと紹介させる時間をつくってくれるのだ。すると「わぁ、そっくり」とか「かわいい」とかの声がかかり、照れくさそうにする兄弟姉妹の様子が微笑ましい。音楽教員が「1年生になったら」をピアノ演奏してくれて、気持ちよく歌わせてくれることもあった。入退室の際に、声を出しての挨拶は迷惑なので、軽く会釈して退出するよう指導しておく。

　探検が終わったら子どもたちの「探検発表会」をして、簡単なまとめを書かせる。ほとんど絵の子もいるし、まとまった文を綴れる子もいる。それを学級通信にまとめ、保護者と職員室に配付すると、初めて学校に入学させた保護者に、学校全体の様子や担任以外の教職員の存在を知ってもらうことになる。また教職員同士で授業実践を通して交流する雰囲気が広がったりする効果もある。

（2）「日常生活」で出会う

　学校探検を生活科の時間のみで行うことには限界がある。しかし、学校探検を生活科の授業でとどめずに発展する学習内容としていきたい。そこで、生活科以外の時間でも、日常生活で見つけたことが発表していけるように様々に工夫している。本書第2章でも紹介されているように、朝の会・帰りの会での「見つけたよ」発表（生活発表）のコーナーで発表したり質問したりする。

〈事例6　おとなしいMの活躍〉

　Mはおとなしくてなかなか自分の気持ちを言えない。給食が始まってすぐの頃の帰りの会で，しきりに何か言いたそうにするが，手を挙げることができない。そばへ行って聞いてみると，「言いたいことがある」と言う。Mの代わりに担任の私が手を挙げて，司会であった日直に当ててもらった。すると，消え入りそうな声だったが，「給食の配膳員さんは，男の人なのにエプロンを着けているのを見つけました」と言った。配膳員さんは帽子・マスク・エプロンで全身ほとんどおおわれている。

　今日の献立は何か，早く食べたいという気持ちは誰でももっているものの，配膳員さんにまで気の向く子はなかなかいない。このときの勤務校の給食配膳員さんは2人で，1人は小柄で年配の男性職員だった。この話を男性職員に伝えると，「子どもってよく見ているのですね。身だしなみに気をつけなくっちゃ」と感心していた。

　Mはこの後も，次々にあまり他の子の気づかない物を見つけ，少しずつ自分で発表できるようになった。ある日「黄色の四角があるよ」と発表した。よくわからなかったので，下校時にみんなで見にいった。それは垂直降下方式救助袋の「地面側固定位置を示す線」だった。その黄色線内には，物を置いてはいけないということだ。線は薄くなり，砂をかぶってあまり目立たない。よく見つけたなと驚いた。翌日の説明後，救助袋のある4階の廊下までみんなで見に行って確認し，上から下を見て，「黄色四角線」がほぼ真下にあることもわかった。そして，避難するいろいろな場面をみんなで学び合った。学校には消火器や消火ホースの収納庫，非常サイレン，保健室の「AED」など，みんなの命を守るための設備がある。それを次々に見つけていった。

（3）様々な学習活動でも改めて「学校」を知る

　学校を知ることは何も入学当初だけのことではない。生活科をはじめ，様々な学習活動の中で，改めて学校の施設や機能を知ることもあるし，またそれを意識して結び付けていくことが大切である。

〈事例7　父親の仕事にもつながる学校の「防火用取水口」〉

　Jの父親は消防署のオレンジ隊員だ。そのJが，父親が仕事でも使っている設備が学校のプールにもあると聞いてきたので，さっそくみんなで確かめにいくことにした。プールの壁面には確かに大きな「取水口」があって，消防ホースを取り付けて消火水として使えるようになっていた。だから学校がプールの水を入れ替えするときは，必ず消防署に連絡しなくてはならない。校門の所には「広域避難場所」の看板もある。

また「備蓄庫」もあり、中には毛布や食料が保管してある。2000年に激甚災害指定された東海豪雨の際には、1階がほぼ水没し備蓄庫が役に立たなかったことから、いまでは備蓄庫は2階に設置されている。その場でそうした説明をした。備蓄庫の階段の下で、Jは「ぼくたちは洪水になったら、みんな水の中にしずんじゃうね」と言っていた。改めて洪水の怖さを確認し合った。

学校が地域に対して果たす役割があることも、子どもたちは自分たちの気づきの中から学んでいったのだ。

勤務校は「グリーンボランティア活動」が盛んだった。毎週金曜日、子どもと職員だけではやりきれない草刈りや花壇の世話に、地域の人たちが一汗かいてくださるのだ。校庭にサクランボ・リンゴ・栗・ミカン・カリンが実る木がある。大きなケヤキも7本あって、校庭に大きな影を落とし、暑くなっても低学年体育は影の中でできるという好環境だが、落ち葉も毛虫もすごい。グリーンボランティアには、子どもたちの祖父母も多く大変協力的である。帰り際に「先生、虫が捕れるよ」と、刈り取った草を堆肥にするため積み上げる場所を指さす。そうなると急遽午後は「虫捕り」タイムに変更だ。図鑑で名前やメス・オスを調べる。どうしてそこにいるのかも考える。こうしたうれしい体験ができたことで、1年生も「学校グリーンボランティア」の人々の存在を認識できていくのだ。

(4) 通学路を知る、通学路の楽しみも知る

学校探検を一通り終える頃には、子ども同士の関係も生まれてきて、1年生のクラスとして集団で行動することにも慣れてくる。そうなると、今度は学校外に出て、学校周辺の道を理解していく学習活動も大切になってくる。そこでは、一つには家と学校とを親が付き添わなくても往復できるように「道」を理解すること、もう一つにはその往復の「道」で事故に遭わないように安全に行き来する力を身に付けていくことが大切である。学校側からすれば、交通安全教育ということになる。近年では、防犯や災害時対策の対応も学んでおくようにもなってきている。

そうした，安全教育を一通り終える頃には，今度は「寄り道」を覚えるようにもなる。本書第8章の「地域探索活動」ではさらに深く学ぶことになる。そして，地域を徐々に家と学校の「線」としての道から，枝葉を広げた「面」としての町を意識するようになる。そうなると，「学校が楽しい」の中身に「学校までの道や町が楽しい」が加わってくる。

　1年生の学級づくり，そのための生活づくり（その中心としての生活科づくり）においては，「学校が楽しい」と思える体験を日々重ねていくことが何よりも重要である。その一つとして，生活科の授業の中で（それで足りないときは朝の会・帰りの会での生活発表も使って），「登下校で見つけた」「休日に町で見つけた」ことを発表し，交流していくのもよい。

〈事例8　タニシやコイと出合える場所〉

　田植えが始まる頃に，子どもたちと見学に出かけることにした。子どもたちは田植えの様子とともに，カエルやオタマジャクシ，ドジョウの姿に夢中になった。とくに「カタツムリみたい」ということで，「タニシ」に関心をもったようだ。「教室で育てたい」ということで，タニシを夢中になって集めていた。その帰り道にコイのいる小さな池のそばを通った。子どもたちはすぐにコイをおびき寄せようとした。しかし，近寄ってくるものの，エサがないのですぐに行ってしまう。そこで，コイはタニシを食べるよと教えて，静かにタニシを池に落としてみると，確かにコイたちが群がってやってきた。そして「ボリッ」と音がした。「えっ，今音がした！」「うん，コイがタニシをかみ砕いて食べた音だよ」と言うと，「あんなに堅いのにかんじゃうの？」「コイってすごい！」と声を上げた。「ぼくのタニシもあげる」「私も」と次々にタニシをコイにプレゼントし，ボリッ，ボリッと食べる音に聞き入っていた。とうとう教室に持っていくはずのタニシはなくなってしまった。

　学校へ帰ってから，子どもたちは「タニシは田んぼで何を食べるの」「コイは何に食べられるのか」を熱心に調べていた。同時に，家と学校との往復の「道」の途中に，こうした「楽しみ」が他にもないかと，目を働かせるようになった。

（学習の課題）

(1)　入学当初の子どもたちを理解することが，教材研究や教育計画を立てるのと同時に欠かせない。どのようにして「子ども理解」を深めたらよいのか，他の授業

での学びも参考に考えてみよう。
(2) 入学当初の子どもたちが戸惑う事柄を理解しておくことが，とくに１年生担任には求められる。入学当初の子どもたちが戸惑うこととはどのような事柄か，確かめてみよう。
(3) 「学校探検」を入学当初の子どもたちにとって有意義でありつつ，楽しく，主体的に行うためにどのような活動の工夫があるのか，調べてみよう。

【さらに学びたい人のための図書】
行田稔彦ほか編（2008）『いのち輝く』ルック。
　　⇨子どもの見方を深めながら創造的に授業をつくっていく実践が満載である。
竹沢清（2000）『教育実践は子ども発見』全国障害者問題研究会出版部。
　　⇨子どもに関わりながら，いままでみえなかった新しい子ども発見をしていく視点を教えてくれる。
竹沢清（2005）『子どもが見えてくる実践の記録』全国障害者問題研究会出版部。
　　⇨子どもと関わりながら気づきを記録していく。そのことでより子ども理解を深めていく大切さを教えてくれる。

（原田宏美）

第4章 季節と自然を味わう活動
―― 自然に働きかけ，自然から学ぶ

この章で学ぶこと

> 生活科は季節を含む自然を丸ごと扱う教科である。その自然に対して五感を働かせ，体全体で感じ取り，そのことで言葉や人間性を豊かにしていきたい。子どもたちが自ら自然に働きかけ，自然の不思議や面白さに気づき，主体的な学びが広がるために基本となる知識と具体的な活動例を学ぶことを通して，実際に自然に目を向けた有意義な学習活動がイメージできるようにしていきたい。

1 現代の子どもたちと自然

（1）子どもたちを取り巻く環境

　子どもたちが町中で遊ぶ姿を見ることが少なくなった。それは一つに生活様式の変化によるし，もう一つには地域住環境の変化による。

　生活様式の変化でいえば，1つ目には学校教育に拘束される時間が長くなったことによる。学校教育に拘束されるというのは，学校にいる滞在時間だけを指すものではない。学校で出される「宿題」によって拘束される時間，その学校教育よりもより高度またはその学校教育についていくに足る学習能力を養うための「塾・習い事」に拘束される時間が含まれる。2つ目は余暇の過ごし方の変化である。近年では，地域活動や屋外遊びの充実以上に，エアコンが利いた室内で電子機器ゲームやスマートフォンを操作したり，テレビやキャラクターグッズで楽しんだりする方をよしとする生活が急速に広がっている。

　地域住環境の変化でいえば，農地や草地が埋め立てられて宅地化が進んでいる。それに伴って，野川に生息していた動植物たちは姿を消さざるを得ない。

道路のアスファルト化も利便性を向上させたものの，それとは裏腹に動植物たちの生息を困難にしている。人口密度の高い地域では世帯の高層化が進み，庭のない環境に住む子も増えてきている。エレベーターやエスカレーターに慣れている子は坂道を嫌う。生活様式の変化によって活用が減ってしまっていた町中の公園を，他の目的のために転用させてしまっている地域も少なくない。

　こうした環境の中では，子どもたちから自然が遠のくばかりである。

（2）深刻な保護者，教師の自然離れ

　子どもたちの自然離れにさらに追い打ちをかけてしまっていると思われるのが，保護者と教員の自然離れである。

　まず保護者でみた場合，前項にあげた生活環境の中でさらにインドア生活指向が強まっている。そのために保護者自体がわが子の外での汚れに敏感となっている。「泥んこ遊びなどもってのほか。衣服が汚れてしまうような場所はダメ」と止めてしまう。さらに，可愛い犬や猫といったペットはよしとして，虫嫌いな保護者は，わが子が大事に見つけてきたアリやダンゴ虫の家庭への持ち込みを禁止する。こうした家族はえてして，保護者自体が電子機器やスマートフォンに没入し，休日に家族でお出かけするにしても，その向かう先は，アウトレットモールでのお買い物か，アミューズメントパークの類である。自然との触れ合いといえば，辛うじて動物園や水族館に行く程度である。

　また，もう一つ深刻にみなくてはいけないのが，教員の自然離れである。私が勤務する大学の教員・保育士を目指す学生に毎年「動物に関わる意識調査」に協力してもらっている。その結果をみると，ほぼ例年同様の結果となる。それは，小さい頃は虫や水辺に棲む生き物などを夢中になって追いかけ回していたのに，学生となったいまになると虫や水辺の生き物などに「触れない」「見るのも嫌」と思う割合が高くなるのである。その理由を自由記述してもらうと，「（そうした動物と）関わる機会がなくなったから」「小さい頃と感覚が変わったから」「恐怖体験があったから」という理由が書き込まれる。しかし，こうした感覚をもったままで教育・保育職に就いたならば，いくら学習指導要領や保

育指針などに「季節・自然」「動植物」に関わる学習の大切さが書き込まれたとしても,積極的な学習・保育活動は期待できないであろう。

こうした状況でより一層危惧しなくてはならないのは,自然離れの雪だるまである。すなわち,自然の面白さを知らないし理解もできない保護者の子は自然に触れる機会を与えられないまま大人になっていく。そうして,その子が保護者になる世代になっても同じことが繰り返されていく。このような事態が続いていくならば,自然離れが雪だるまのように膨らんでいってしまう。

(3) 自然離れで失われるもの

もしも自然離れが進行していったならば,どのような深刻な影響が生じるだろうか。

1つ目は,自然科学離れである。自然科学は,気象,宇宙,生物,化学,物理,医学などに通じていく重要な学問である。近年,大きな災害をもたらすような自然の脅威に慄かされることがある。それが地震や気象による天災とだけでみてしまってよいのか,自然のあり方を変えた開発に起因した人災でもあったのではないかと,災害の見方が争われる場合がある。地震や気象にしろ,地域環境を開発していく動きにしろ,これらすべてが自然をどうみるかにつながっていく。そうした見方はますます重視されていかなければならない中で,自然離れはそれに逆行しないか懸念される。

2つ目は,自然よりも開発重視の見方を育ててしまうことである。利便性を求めることは人間の暮らしの豊かさを追求していく上で当然理解できることである。しかし,無計画な町づくりや乱開発によって,必要以上に自然破壊してしまう感覚の大人には育ってほしくない。常に自然との共存を心にとどめた大人に育っていってほしいと願う。

3つ目は,いわゆる「第一次産業」,とりわけ農業,漁業,食肉産業等の衰退への懸念である。自然離れはこうした産業への就労離れをも引き起こしている。自然破壊や第一次産業就労者の減少等に伴う自給率の低下は,万が一の場合には食糧危機を招くことを心配しておかなくてはいけない。

第4章 季節と自然を味わう活動

（4）自然がもたらすもの

　人間にとっての自然の恩恵を忘れてはならない。そうして，それを豊かに感じ取る感性は，実は人間性の豊かさにもつながる。そのことは以下の点から指摘できる。

　1つ目は，体が自然によって育てられていることである。日の光や草木の呼吸，心地いい湿度・温度・風，起伏，水辺と陸地といった環境に適応して生活したり運動したりする中で育てられていく体，それらの自然に育まれた動植物の恵みを食することで育てられていく体を思い浮かべていただきたい。

　2つ目は，人間の感覚や言葉も育てられていることである。山を流れる清水に触ると，水道水とは違う冷たさを感じ，思わず手をひっこめ，「つめたい！」と叫ぶ。草地に寝転んでいると，ふと視界が雲に覆われる。ところがその雲が流れていくと一転して青空になる。すると，日差しの力を感じて「あったかあい！」と叫びたくなる。自然はこうして人間の感覚を研ぎ澄まし，時々の感情を言葉で表現させる。とくに幼少の子どもたちにおけるこうした生活体験は，きわめて重要である。

　3つ目は，自然の働きかけは人間の行為を促していくということである。草むらから飛び出す鳥や虫，動物を見つけると，人間に残されている狩人の本性ということだろうか，子どもたちはそれを追いたがる。甘いにおいを漂わせる花に出合うとその花の輪に鼻先を近づけようとする。山を流れる透明な小川を見つけると手をつけようとする。自然は人間の行為，あるいはその行為への意欲を誘い出す役割も果たしている。

　4つ目は，人間に自然の多様性と壮大さを教えてくれていることである。人間は大自然を制覇しようとしているかのように，次々と大山脈を踏破したり，深海を航行できる潜水艇を開発したりしている。しかし，自然界にはまだまだ人間の科学では解き明かせない，様々なナゾが残されている。そのナゾの解明で必ず突き当たるのは，多様性と壮大さである。様々な進化を遂げる動植物では，いまなお新種が発見されていく。昆虫たちの色鮮やかさはどこから生まれるのか，擬態や変態はどういうメカニズムで生まれるのかも十分解き明かされ

てはいない。これらは自然の多様性ゆえのナゾといえよう。また近年，地震，津波，豪雨，落雷等による災害で人間生活に甚大な被害が生じている。それをいかに予知し，被害を最小限に食い止めていくのかも大きな問題になっている。これは，自然の壮大さゆえのナゾということになろう。自然の多様性と壮大さは，人間の科学技術進化への意欲を引き出すとともに，自然と上手に付き合う人間の暮らし方を考えさせるきっかけをつくっているともいえる。

2　季節や自然の発見

（1）どこで季節や自然を発見するのか

　季節はともかく，「自然が見当たらない」ような都心の住宅密集地に住んでいる子どもたちにとっては，どこで自然を発見したらよいのだろう。ここで2つの考えが浮かぶ。

　一つは，発見できる自然が見当たらないならば，生活科年間計画の中に遠足等の活動を位置づけて，草花や樹木にあふれる公園，山・川・海のある土地に行って自然を満喫できる機会を設ける案である。

　もう一つは，「至難」と思われる地域だからこそ，神経を研ぎ澄ませて，「自然が見当たらない」を覆すようにして，あえて「自然見つけ」を課題にしてみる案である。その場合「見つける」対象とする自然をどのように，まず教師が，そして子ども自体が捉えるかが問われる。山・川・海・広大な樹林や草原のような場所だけが自然ではないからである。

　まずは，教室の中から窓の外を眺めてほしい。その窓からでも年間を通せば，晴れの日，雨の日，雪の日などで，外の様子が変化するのを見たり感じ取ったりすることができる。晴れの日一つとっても，快晴の日と薄日の日では光の加減や温かさが違う。雨の日でも，霧雨・にわか雨・豪雨で，雨の降り方や降っている時間も違う。雪の日でも，みぞれ・ぼた雪・淡雪で降る雪の様子が違う。また，それらの気象と合わせて，太陽や雲の様子も変わる。

　その教室の窓を開けてみよう。爽やか，または暑い・寒い風が吹き込むこと

であろう。すなわち，風や温度・湿度の違いを感じることができる。

　こうした「気象・天候」「風・温度・湿度」ならば，どのような条件の土地であっても五感で感じることができるし，その様子の違いも観察できる。生活科でいう自然は，そもそも動植物に限定されるものではない。ここを教師自身がしっかりと捉えておく必要がある。

　その上で，「自然が見当たらない」といわれるようなところに住む子どもたちにとって，動植物は縁遠い存在なのか，もう一度振り返ってみよう。

　まずは，改めて窓の外に目と耳を凝らしてほしい。瞬間的であっても，飛び回る鳥や飛翔する虫を見つけられないだろうか。彼らには生息する場所の境界がないから，エサや快適な場所などを求めて常にあちこちを飛び回っているのではないだろうか。そうすると，カラスやスズメなど身近にいる鳥，季節ごとに姿を見せるツバメ，ムクドリなどの季節鳥，蛾やアゲハなどの蝶類，テントウムシやカナブンなどの甲虫類を目にするのではないだろうか。あるいは，姿が見えなくても，鳥のさえずりが耳に届くことがないだろうか。直接触れることは難しくても，目耳を鋭く働かせればこれらを発見することができるであろう。

　また，どんなに都心の学校であっても，学校建設に際して記念樹を植えたり，学校美化を目的として花壇を設置していたり，生活科・理科・特別活動の一環として1人1鉢の栽培活動に挑んでいたりしないだろうか。猫の額のような緑かもしれないが，緑があることで季節ごとに姿を変える様子を観察することはできる。木が広葉樹であれば季節で葉の色や付き方が変わる。園芸植物も季節によって発芽，葉の茂り，開花，枯渇と違った様子を見せる。さらにいえば，コンクリートの隙間に雑草が生えていることもある。

　さらに，その猫の額のような緑であっても，緑がある，あるいは緑が育つ土壌があることで，様々な虫や鳥が集っているはずである。1本の木立ちを上まで見上げて見てほしい。そこに鳥が羽休めする姿が発見できないだろうか。花壇や鉢の園芸植物の花に，蜜を吸いにくる蜂や甲虫の仲間の姿が発見できないだろうか。また，その植物の根元に，アリやダンゴ虫，ミミズなどの姿が発見

できないだろうか。

　こうして見てみると,「自然が見当たらない」といわれるような地域の学校であっても, 少しなりとも緑化された場所があるならば, 動植物と出合えないとは限らないのである。むしろ「ない」といわれる地域の子ほど神経を研ぎ澄ませて発見する醍醐味が味わえる, ともいえるのではないだろうか。

　さて, こうして自然を見る目を教師も子どもも肥やしていくと, 学校と家を往復する道すがらでも自然を発見する目が発揮されていく。私はかつて住宅密集地の学校でカイコの飼育に挑戦したことがあった。カイコの飼育にはクワの葉が欠かせない。飼育に挑戦すると意気込んでも本当にクワの葉が確保できるだろうか。子どもたちにカイコの葉をパウチして「しおり」として持たせながら, 学校と家を往復する周囲にクワの葉の茂るところがないかを探してみてほしいと呼びかけた。すると, 神社やお寺の境内, 公園の周囲, お家の生垣の隙間などにあったと, 続々と「クワ情報」が届いた。その管理者にお願いしてクワの葉を毎日少しずつ集めてカイコを飼い続けることができた。「自然が見当たらない」ような住宅密集地でも, 公園, 神社や寺院, 街路樹, 生垣などで意図的に植栽されている。となれば, 例によってそこに鳥や虫などが集っている可能性がある。

　さらに, 少し広い公園や神社・寺院であると池を所有している場合がある。そうした場所でよく見かけるのは錦鯉である。また, 池があれば, どこからともなく, トンボやカエルなどがやって来て卵を産み付ける。そうして, ヤゴやオタマジャクシとして水の中に生息し, やがてトンボやカエルとなってあちこちに動き回るようにもなる。私が都心の学校に勤務していたときは, 毎年梅雨時になると, 自動車にひかれたのであろうカエルの死体を見たと子どもたちが報告してきた。あるお屋敷の庭の池が毎年ひかれてしまうカエルの生棲地ではないかといわれている。

　このように, 自然を見る目を肥やした子どもたちであれば, 校外に出ても様々な動植物を発見していくことであろう。でも, それが自然豊かな地域であれば申し分がない。

（2）何で季節や自然を発見するのか

前項ですでにおわかりいただけたと思うが，自然はまずは目先の，

① 草花，実，樹木などの「植物」

② 地上・空中・地中の虫，魚・水辺の生き物，鳥，小動物などの「動物」

で発見される。しかし，繰り返しになるが，それだけではない自然観をもつことが大切である。他にも，

③ 海，川に限らず水たまり，雪・霜など「地面」

④ 天気，雲，太陽，月・星など「空」

⑤ 風，気温，湿度など「空気」

で感じ取れるのである。

（3）どうやって自然を発見するのか

私たちが自然を感じるのは「五感」と「体験」によってである。

まず「五感」を働かせて発見することを試みようとするならば，

① 景色，空，気象，動植物の存在などを「よく見る」

② 鳴き声，風の音，雨だれの音などを「よく聴く」

③ 空気の匂い，花の匂いなどを「よく嗅ぐ」

④ 空気の温かさ，風の動きなどを「よく感じる」

⑤ 水の温度，雪の冷たさなどを「よく触る」

ということになる。

では，「体験」で発見するとはどういうことであろう。

① 虫，花，実・種などを「採集して」

② 種まきから収穫までの「栽培を通して」

③ 捕獲してから世話をしていく「飼育を通して」

④ 雪だるまやかき氷を「作って」

⑤ 水たまりや泥で「遊んで」

⑥ 餅つき，クリスマス会，豆まき，水泳，雪遊びなど「季節の行事や活動を通して」

これらのどれか一つを取り上げればよいとするのではなく，2年間を通していかに多様に，豊かに取り組むかが大切である。
　以上のように「どこで」「何を」「どうやって」の自然観を豊かにしていけたならば，「自然が見当たらない」というような地域の学校であったとしても，ベストな学習にならなくても，ベターな学習は展開できる。

3 季節や自然を味わう実践事例

(1) 自然や季節を集めよう

　アスファルト化が進行した暮らしの中では落葉樹は厄介者である。私が勤めていた小学校にはシンボルとしてのイチョウの木がある。学校の中を掃除する校務員さんや子どもたちにとっては，秋はそれまでになかった仕事が追加される。それは朽ちて舞い落ちる葉と，強烈なにおいを発する銀杏を掃除することである。今日掃き集めて片づけても，翌日また同様の仕事を繰り返さなくてはいけない。しかも樹齢数十年になろうという立派な木から落ちる量は半端ではない。木が裸になるまで1カ月は続くであろうか。
　しかし厄介者である一方，恵みをもたらしてくれるのである。特徴のあるイチョウの葉は，他の落葉やドングリなどの実とともに自然物での工作に使われる。さらに強烈な匂いを発する銀杏は，水につけて表皮を落とし，白い堅い殻だけになったものを天日に干せば，炒って美味しい実となる。この実は希望する子には臨時のおやつにもなった。
　1年生の教室には年中プリンカップが集まってくる。「家で見つけた」「学校に来る途中で見つけた」「学校の庭で見つけた」と言っては，ダンゴ虫を集めてくるのである。こうした生き物との関わりは意味あることと認識している私には，「教室には持ってこないで！」と禁止する考えはない。むしろ持ってきたものを一緒になって覗き込む。そうして，「丸くなった」「歩き出した」と言って子どもたちと一緒になって喜ぶ。すると，ダンゴ虫にとどまらず，アリやらクモやらミミズやら，次々と虫が持ち込まれる。どうやったら長く飼える

かを話し合い，容器をプラスチック製の水槽式虫かごに換えていく。そして，そこに小さな草花，小枝，枯葉などを入れて，捕獲した場所を再現していく。

　秋になるとドングリが次々と持ち込まれてきた。様々に届くドングリは，後で工作するときに選びやすいからと，種類ごとに容器に入れるようにした。子どもたちも意識して種分けして入れていた。容器いっぱいに集まった。

　さて，このドングリを使って「こま」や「1枚の絵」をつくろうと誘った。容器から「自分が使いたいドングリを取っていいですよ」と言った。するとしばらくして悲鳴が聞こえた。「どうしたの？」と聞くと，ある女の子が涙声で「虫がいる」と言った。見れば，容器の底に何やらアイボリー色の可愛いイモムシが転がっている。「こっちにもいる！」「あっ，こっちにも！」と，どの容器にもといっていいぐらい，それはいた。泣いている子がいる一方で，ダンゴ虫を触るようにして手の平に載せて見せて回る子もいた。「どうせなら観察しよう」と，みんなで絵に表現してそれを観察した。調べたらドングリを好物とするゾウムシの幼虫だった。

　自然や季節を集めようとする活動は，現代の子にとっては笑いあり涙ありである。

　そんなとき，一つだけ気にとどめておいてほしいことがある。それは大人では気づけない「小さい子目線」というものがあるということだ。校庭に座らせて教師が話をしていると，必ずといっていいほど，砂いじりやアリ見つけをし始める子がいる。そしてこの子たちはえてして「お行儀が悪い子」とされてしまう。しかしこの子たちは，大人は背が高いから気づかない，地上の小さなものの世界に目が釘づけになっているのである。「小さい子目線」だからこそ，地上の小さなものの世界が視野となっているのである。話に集中させることが必要なことは当然としても，一方でこうした「小さい子目線」に映っている世界のことを理解できる教師であることもまた必要である。

（2）自然や季節で遊ぼう

　自然や季節を楽しみ，それを感じ取る感覚を育てていくために開発しゲーム

化したものに「ネイチャーゲーム」というものがある。そのネイチャーゲームを組織として研究・開発・普及している団体として「公益社団法人　日本シェアリングネイチャー協会」がある。関心のある人は検索して調べてみるとよい。保育活動に活かせるヒントがたくさん見つかるだろう。

　しかし，ネイチャーゲームを既成のゲームとして取り入れるだけでは本来のゲームの良さは発揮できない。なぜなら，先にも紹介したように，「自然」には多様性と壮大さがあるわけだから，その「自然」条件の中で変えたり，新たにつくったりと，柔軟に取り組まなくては，本来の「自然」を楽しむことにはならないからである。

　以下は，授業で学生に体験してもらっている代表的なネイチャーゲームの例である。

---

① 「体でピン！」
- 座って1分間目を閉じてみましょう。あなたは何を感じましたか？
- 「感じたもの」「感じたこと」を言葉で表現してみましょう。

② 「ハンター」
- 座って1分間目を閉じてみましょう。あなたにはどんな音が聴こえましたか？
- その聞こえた音を言葉で表現してみましょう。

③ 「お空の写真屋さん」
- 寝転んで1分間上空を見上げてみましょう。あなたには何が見えましたか？
- 「見えたもの」「見えた様子」を言葉で表現してみましょう。

④ 「落とし物名探偵」
- うつ伏せになって1分間地面を眺めてみましょう。あなたには何が見えましたか？
- 「見えたもの」「見えた様子」を言葉で表現してみましょう。実際に集めてもよいです。

⑤ 「見いつけた！」
- 「いまの季節ならでは！」と思うものを見つけてこよう！
- あなたなら何で「今の季節」を感じるでしょう。

　ネイチャーゲームで大切なのは，一人遊びとしてではなく，グループ遊びとして見つけたものを見せ合ったり，言葉で表現したりして，お互いに交流することである。

第4章　季節と自然を味わう活動

（3）草花で遊ぼう

　花を集めて「花束」にする。茎の長いシロツメクサを編んで「腕輪」「冠」にしたり，タンポポで「腕時計」にしたりすることもできる。

　茎の長いオオバコは「草相撲」に使われる。ネコジャラシの花の部分は「くすぐり棒」にもなるし，葉は茎を外してもっと細く割いて，「う」の口径の唇に挟んで吹けば「草笛」にもなる。ナズナは葉をつないでいる部分を引っ張って葉を一つひとつ下げれば，振って「デンデン太鼓」のように音を立てる。ササの葉は，そのままでも，折って形を整えても，流れのある小川や用水路で「舟」となる。

　根気のある子の中には，タンポポの花が実は小さな花弁のかたまりであって，その花弁が何枚あるのかと，1枚1枚割いて調べ出す子もいる。

（4）小さな生き物を見つけてみよう

　近年，科学写真絵本が進化している。今森光彦氏のものなどを見ていると，嫌われ者のような虫にこんな愛らしい姿があるのかということで，ついつい見つけて確かめてみたい気持ちになる。すると，ちょっとした休み時間にも子どもたちは，校舎の隅に回って，石の下や草の中に小さな生き物がいないかと夢中になって探す。先にも紹介したように，そうして教室はいつしか小さな虫の昆虫館になっていく。

　そうした子どもたちには身近な観察道具としての「虫眼鏡」を紹介したい。私の勤めていた小学校では，毎年，1年生に虫眼鏡をプレゼントしていた。そして，首から下げていつでも使えるように，保護者にお願いして紐をつけてもらっていた。すると，どこへ行っても虫眼鏡で覗いて，小さな生き物に目を向けていた。

　東京中野区の小学校で教員をされている金成素子教諭は，そうして見つめた小さな生き物たちにしっかり目を向けさせるとともに，それを文字にして書き起こし，みんなで読み合い，共有する面白さが子どもたちのものになっていくように作文指導している（金成, 2017）。

ギラギラの目
　　今日のひる休みに三年生のはちがおいてあるところにアリのすがありました。アリが三十ぴきくらいアリのすのそとにいました。アリのすの中を見たら、アリが三びき出てきました。もう一かいのぞいたら、なにかが
「ギラッ。」
と光りました。その一びょうごにアリが出てきました。ぼくは
「いま、ギラっとひかったものはアリだったのか。だけど、どうしてひかったんだろう。アリのすの中がくらいからかなあ。なんでだろう。」
とおもいました。アリのすの中はぼくたちにんげんから見たらまっくらだから、ひかってみえたんだとおもいます。
「ありの目のひみつをしりたいなあ。」
とおもいました。ちょうどそのとき、ひる休みおわりのチャイムがなりました。いえにかえったら虫のずかんを見てみます。

　こうして学校で小さな生き物の面白さが共有されるようになると、学校外の家庭や地域でもその力を発揮していく。生活科で大切なのは、教室での学習にとどまらず、学校で学んで楽しかったことが家庭や地域でも発揮される、家庭や地域で面白かった取組みが学校でも生かされる、という双方向の学習になっていくことである。

　　どくの花っぽい花
　　おうはらこうえんにいくとき、どくの花っぽい花がおうちのちかくにさいていました。色は白色でまん中の色がオレンジ色でした。お花の形は丸がずれている目玉やきにそっくりです。オレンジ色のところはちょんまげみたいな形でまん中のところにこながついて色は白色でした。こながどくみたいだったのでぼくはすごくぞっとしました。すごくこわかったです。（後略）

　　わからない虫
　　おにいちゃんが、ベランダをあけるときに、くもみたいな「か」がいました。足は六本ありました。くもみたいで、とんでいました。
「ずんずんずん。」

第4章　季節と自然を味わう活動

という音がきこえたので，しゃべっているのか，うごいて，てんじょうにぶつかったのかなと思いました。でんきのすきまにいました。とんでいました。こわかったです。こわかったので，おかあさんがかってくれたおもちゃの刀とか，ふとんたたきのぼうを，でんきにあてました。そして
「おかあさん，ここに虫がいるよ。」
と言いました。
「おとうさんに言っといてね。」
と言いました。まだ「ずんずんずん。」といっていました。よるだからうれしいのかとおもいました。

　金成学級の子どもたちの作文には，子どもたちの目で見た小さな虫や草花の中のダイナミックな世界が，実にリアルに描かれている。こうした学習活動は，さらに子どもたちの観察力や五感を豊かにしていく。

（5）アイスキャンディづくり

　1年生を担任すると毎年，極寒の季節に挑戦していたのがアイスキャンディづくりである。「アイスキャンディ」といったら夏を思い出すが，それが夏に食べられるのは，冷凍技術が発達してきたからである。しかし，そのアイスキャンディは冷凍庫がないとできないだろうか。そうではない。なぜならば，寒い冬の日には，都心でも雪が降り，氷が張っていることがあるからだ。そのタイミングを狙って，自然を生かしたアイスキャンディをつくるのだ。

【自然を生かしたアイスキャンディのつくり方】
① 材料　果汁ジュース（濃度の濃いものの方がおいしい），塩
② 道具　洗面器（金属製がベスト），プラスチックコップ，割りばし
③ つくり方
　1）洗面器に雪を詰める。
　2）ジュースをプラスチックコップに注いで，割りばしを刺す。
　3）洗面器の雪にプラスチックコップが入る大きさの穴を空ける。
　4）そこにまず塩を入れる。それが冷凍効果を高める。
　5）その上に3）のコップを入れて隙間を雪で埋める。

1日雪が降るような日ならば，その日のうちに食べられる。日中晴れてしまった日には，帰り際にきれいな残り雪を詰めて日の当たらない場所に置けば，翌日に食べられる。

4　自然に人間・子どもが育てられる

（1）余暇の過ごし方と人間性

　季節や自然を味わうことが意識できる生活は，ゆとりなくしては成立しないといっても過言ではない。日々慌ただしく過ごしていたならば，夕焼け空を楽しんだり，道端の小さな花の命に感動したりできない。

　多忙といわれる職業である教師にとって，自然や季節を味わい，子どもたちと一緒に楽しみたいと思えるゆとりを確保することすら困難なのが，残念ながら実情といわざるを得ない状況がある。しかし，ものは考えようである。しなくてはならない仕事を優先するのか，自分の人間性をまず大事にした上でその中でしなくてはならない仕事を進めていくのかである。子どもたちに関わり育てる教師こそ，人間性を壊してはならない。そうでなくては子どもにとって真によい教育はできない。

　同様に，自然や季節に子どもが育てられていることを素直に受けとめきれない保護者がいないでもない。「そんなことより勉強を」と対比的に捉えて否定する考えが根底にある。その意味で，自然や季節に子どもが育てられていることの保護者への理解を深めていくことも大切である。近年，引率補助の形で保護者に付き添ってもらい，安全に自然や季節あそびが楽しめるようにしている学校活動の様子を見かけることがある。保護者が自然や季節あそびの教育的な意味を実感できる大事な機会である。保護者にとっても子どもたちと一緒に自然や季節と戯れられる機会があることは重要である。

　こうして，教師も保護者も自然や季節に関わり，それが面白いと感じられるようになることは，実は単に生活科を意味あるものにしていくことにとどまらず，その教師や保護者自体が余暇の過ごし方や人間性の回復に目を向けていく

ことにもなるのである。

（2）自然をいつでも受け入れられる教室づくり

　自然や季節に切れ目はない。ありようはともかくとして，いつでもどこでも自然と季節は存在しているからである。そうなると，生活科のある単元で自然や季節を扱ってお仕舞にするようであってはならない。自然や季節は，いつでもどこでも話題にできるという心構えを，まず教師自身がもっていることが大切である。

　「いつ」でいえば，暑い夏の時期，急に黒い雲に覆われて豪雨に見舞われることがある。また，寒い冬の日に突然雪が舞い始めることがある。そんなとき，ガラスの向こうの景色に子どもたちが目を奪われない方が不自然である。その時間は生活科の時間とは限らない。そうしたとき，たとえば国語科の授業を止めて，雨や雪の景色を一緒に眺め，様子を語り合う，という姿勢が大事である。

　「どこ」でいえば，窓の外を眺めての教室内でも，屋外の学校敷地内でも，地域探検や遠足で行った土地でも，その場所の自然や季節を目にしたり感じ取ったりする。新学習指導要領にも「地域の人々，社会及び自然を生かすとともに，それらを一体的に扱うよう学習活動を工夫すること」とあるが，「今日はお店屋さんのインタビューに出かけます」と目標を示しても，道すがらにいた虫や花が気になるのが小学生くらいまでの素直な姿なのである。

　そういう意味では，自然や季節のことがいつでもどこででも話題にできる教師と子どもの関係や時間の保障という点での，ソフト面での教室環境づくりも重要となる。

　また，採集できるグッズ（網など），収集・保管できるグッズ（容器など），飼育できるグッズ（エサなど），栽培できるグッズ（プランターなど），採集したものが何かを特定できるグッズ（図鑑や虫メガネなど），展示・掲示できるスペース（掲示板など）などがいつでも備わっているという点での，ハードの面での教室環境づくりも大切である。

（3）五感を働かせて言葉で表現し合う

　以上みてきたように，自然や季節に対して五感を働かせていくことで，人間としての感覚や技能は鋭くなっていく。また，その人間は，様々な集団の中で生きていることが多いことから，見つけたものを見せ合いながら，語ってその様子を交流しようとする。そのようにして，コミュニケーション力や言葉表現をも磨くことができるのである。

　その点で，見つけた自然や季節を，仲間やクラスで見せ合って共有したり，言葉で表現し合ったりすることが大事である。そのためにも，絵や文字にして表現したり，見つけてきたものを伝え合って「発表」し合ったりすることを，意図的に教育活動に取り入れていくことが大切である。

引用・参考文献

金成素子（2017）「よく見てさわって考えて，心をたくさん動かそう」日本生活教育連盟『生活教育』第822号，40〜44頁。

社団法人恩賜財団母子愛育会愛育研究会（2016）『日本子ども資料年鑑2016』KTC中央出版。

森川紅監修，後藤和佳子編著（2016）『身近な自然で楽しい保育！』ひかりのくに。

生活科教科書
- 片上宗二ほか（2015）「みんなとまなぶ　しょうがっこう　せいかつ」上・下，学校図書。
- 加藤明ほか（2015）「あたらしい　せいかつ」「新しい生活」東京書籍。
- 滝沢武久ほか（2015）「たのしい　せいかつ」上・下，大日本図書。
- 寺尾慎一ほか（2015）「わくわく　せいかつ」「いきいき　せいかつ」啓林館。
- 村上雅弘監修（2015）「わたしと　せいかつ」上・下，日本文教出版。
- 森隆夫ほか（2015）「せいかつ　みんな　だいすき」「せいかつ　みんな　ともだち」光村図書。
- 養老孟司ほか（2015）「せいかつ　みんな　なかよし」「せいかつ　なかよし　ひろがれ」教育出版。
- 若林学編集代表（2016）「せいかつ　あおぞら」「せいかつ　そよかぜ」信州教育出版社。

第4章 季節と自然を味わう活動

> ─ 学習の課題 ─
> (1) 学生である皆さん自身がどのような余暇を過ごしているのか振り返ってみよう。その中で，最近の余暇の過ごし方として，自然や季節を味わうような時間がどれほどあったかも振り返ってみよう。
> (2) 自然そのもので遊んだり学習活動として体験したりすることが，人間・子どもにとってどのような意味があるのか，またそれができない環境の中では人間・子どもから何が奪われるのか，考えを深めてみよう。
> (3) どんなところに自然や季節を楽しめる場所があり，どんな活動を体験することで自然や季節を「楽しい」と実感できるのか調べたり実際に体験したりして確かめてみよう。

【さらに学びたい人のための図書】
カーソン，レイチェル／上遠恵子訳（1996）『センス・オブ・ワンダー』新潮社。
　　　⇨自然の中で感性を育んでいくことの大切さが学べる。
能條歩（2015）『人と自然をつなぐ教育』北海道自然体験活動サポートセンター。
　　　⇨自然体験教育学としての基本的なものの見方や教育スキルがわかる。
日置光久ほか編著（2012）『子どもと自然とネイチャーゲーム』公益社団法人日本シェアリングネイチャーゲーム協会。
　　　⇨自然の中で遊ぶ楽しさを教えていけるヒントが満載である。

（鎌倉　博）

第5章 栽培活動
——生命の営みと尊さを実感する

この章で学ぶこと

　生活科における栽培活動は，生命を粗末にしがちな現代っ子を救う救世主的存在だといえる。しかし，現実に，大学の授業で栽培活動を実施するためには様々な課題があるため，生命の尊さを実感するという目標には程遠く，理論や事例的学習に終始してしまうことが多い。そこで，本章では大学の授業でも栽培可能な野菜を教材化し，実際に学生が子どもの立場になって野菜の栽培活動をしながら，授業づくりができるようにした。学生自身が多様な発見や生命の営みの尊さに気づき，感動し，最後には自分の変容を見取り，自己の成長の姿を自覚化していく授業にしたい。

1　栽培活動の教育的意義

（1）子どもの感性や本能を呼び起こす

　自然界の多くの生命体はその本能のもとに，自然界の中で精いっぱい「生」を表現し，活動し，生き，そして，子に「生」をつないで死んでいく。もちろん，植物も過酷な競争をしながらしたたかに生き，仲間を増やして一生を終える。

　しかし，私たち人間は，精いっぱい「生」を表現し全うしているだろうか。便利で何不自由なく暮らせる文明社会が，人間から本来もっているはずの大切な能力である「感性や本能，生きようとする生命力」を淘汰させてしまおうとしているのではないか。本来なら，私たち人間は，地球上の一生命体として生命を全うしなければならない。しかし，現実は，生命を粗末にしている事例があまりに多い。これは緊急の課題である。教育を司るものは，こうした大局的な課題を踏まえた上で，子どもたちを教育していく責任の大きさを自覚すべきである。

　そこで，筆者は解決策の一つとして，野菜の栽培活動が大きな役割を果たす

と考えた。なぜなら，栽培活動は，人間性育成のためにも的確な教材となるだけの価値をたくさんもっているからである。なかでも，植物が真摯に生きる姿から，人間の本質を形成する「感性や本能」の中心部分に影響を与えることができるという点での価値は大きい。とくに，成長初期の幼少時の子どもは「レディネス期」（平山・鈴木編著，1993，54～57頁；櫻井・佐藤編，2013）であるために，顕著に影響を受ける。「種を蒔き，芽が出て，膨らんで，花が咲いて，実になって，収穫して，みんなで美味しく食べ，表現活動につなげていく」という一連の活動の中には，子どもたちの感性や本能を揺さぶる要素がたくさんあり，多くの発見や驚きなどの情意が生まれる。子どもたちは，自分と同じ生きている対象として植物を捉え，それをいただくという「食育」で，植物と一心同体となる。その情意のもとに，様々な気づきをしながら自己を成長させていく。そして，さらには，食物連鎖から考えても植物が生命体の原点に存在することを認識し，「植物は偉い！」と言えるようになるのである。

このように，感性や本能を磨き，子どもたちの自然認識を変えていくという点に，生活科における栽培活動の大きな教育的意義があるといえる。未来を構築していく子どもたちを教育する立場の皆さんも，いまこそ，自然や植物とじっくり関わる活動を通して，「人間が生まれながらにもっている本来の力であるあなたの感性や本能」を呼び起こそう。忘れかけていたものを目覚めさせ，より豊かに磨いて，より良い授業づくりにつなげていこう。

（2）生活に潤いと喜び，生きるための栄養をもたらす

栽培活動は多くの幅広い人々が行っており，私たちの生活や食生活に潤いと喜びや生きるための食料を与えてくれている。花は生活の楽しみを，また，野菜は食する楽しみや栄養の源をもたらしてくれる大切な存在である。そのため，学校でも，栽培活動は全学年にわたって実施されており，子どもたちの楽しみとなっている。とくに，生活科では，長期継続的に植物を育てる活動が特設されていて，そこには，生命尊重や食育などの大きな意義づけがされており，学校教育で欠かせない存在となっている。

（3）言語化や総合的な学びが期待でき，様々な資質能力を養う

　生命を扱った栽培活動は，子どもたちの言語化をはじめとする表現活動にも命を吹き込んでくれる。そのため，他教科等との連動で食育や多様な表現活動など，合科的・総合的な学びに発展深化させていくことがスムーズにできる。主に，本章で扱っている第３小単元「小松菜パーティーで交流しよう！」が該当する。主人公意識をもって触れ合い交流していく表現活動につながり，子どもたちはその過程で，様々な資質能力を養っていくことが可能となる。

　また，学習形態の編成からみても，個人から小集団，全体と，活動に合わせて編成できる内容のため，その過程で協調性や社会性などの力が育成される。「みんなで育て，みんなで作って食べ，みんなで表現すると楽しいよ！」という社会性の大元を体得できるのである。

　このように，栽培活動は，学びを総合化できるカリキュラム編成上の大きな可能性を併せもっており，多様な力を養う場として，その意義は非常に大きい。

2　生命の営みと尊さを実感する栽培活動の授業づくりの実際

（1）生活科における栽培活動の目標と内容

① 　新学習指導要領で目標と内容を確認しよう

　まずは，これから取り組む内容(7)「動植物の飼育栽培活動」がどのような目標＝内容をもっているか，新学習指導要領第２の２(7)を読んで，その構成要素と階層性を明確にしておいてほしい。この確認は，自分の授業が目標から外れないためには必要である。新学習指導要領には，それまでの指導要領の内容に「関心をもって働きかけることができ」（文部科学省，2017）が付け加えられている。飼育栽培活動の対象に，主体的に働きかける子どもの積極的な学びが期待されていることがわかる。

② 　子どもの実態と目指す子ども像の把握をしよう

　次に，授業づくりで大切なこととして，子どもの実態や求める子ども像を明確にすることである。いま，目の前にいる子どもたちをどう育てたいのか，目

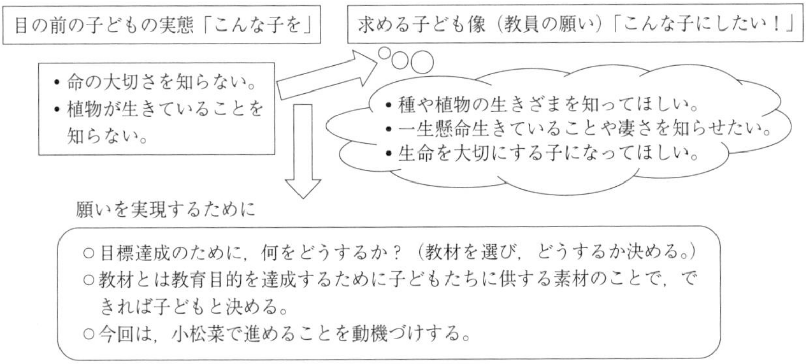

第5章　栽培活動

```
目の前の子どもの実態「こんな子を」     求める子ども像（教員の願い）「こんな子にしたい！」
・命の大切さを知らない。              ・種や植物の生きざまを知ってほしい。
・植物が生きていることを              ・一生懸命生きていることや凄さを知らせたい。
　知らない。                          ・生命を大切にする子になってほしい。

願いを実現するために
○目標達成のために，何をどうするか？（教材を選び，どうするか決める。）
○教材とは教育目的を達成するために子どもたちに供する素材のことで，で
　きれば子どもと決める。
○今回は，小松菜で進めることを動機づけする。
```

図5-1　栽培活動における子どもの実態と求める子ども像
出典：筆者作成。

標達成のための具体的手立てを考えればよいのである。今回は，小松菜を教材として取り上げたわけであるが，図5-1のようにして構造的に考えてみると捉えやすいので，自分でも活用できるようにしておこう。

（2）栽培活動の教材化の方法

① 教材化の留意点を把握しよう

【子どもの場合】

　近年の生活科教科書では，子どもたちが育ててみたくなるような多様な植物を取り上げているので，実際に栽培している植物も多種多様になっている。生活科では，何を栽培するかは学校や担任に任せられている部分が多いが，目標との関係から，なぜこの素材を教材化するかという考えはしっかりもって活動計画を立てる必要がある。上で参照した新学習指導要領(7)の目標に従い，動植物に進んで関わり，生命の営みの実感をもつことができ，生命を大切にできる子を育てるためにも，子どもの実態をしっかり把握し，低学年の子どもでも成長がしっかり把握できるもの，継続観察できるもの，繰り返し関われるもの，発展性のあるものを選ぶとよい。

【大学生の場合】

　大学の授業では，教材化の問題点などを解決しないと実現が不可能であった。

そこで，その問題点（▲）と解決策（⇨）を考えて実施することにした。

▲１：大学には栽培する場所（畑）がない。⇨一人一鉢で栽培する。

▲２：大学での生活科教育法は半年間の15講義しかなく，町探検や成長単元も扱うため，栽培活動は数講義しか扱えない。短期間で，種の発芽から成長，収穫，食育，言語化，表現活動，振り返りまでの一連の活動を行うのは至難の業である。成長に時間がかかる野菜は無理である。⇨そこで選定したのが「小松菜」である。

▲３：土作り，置き場所の確保などの環境整備がしにくい。
　⇨市販の土と100円均一店で購入できる商品（鉢，鉢皿，名札）を活用する。
　⇨目立ちやすく，陽当たり良好な通路などを置き場所として選定するとよい。

② 教材観をはっきりさせよう

「小松菜をどう解釈するか」「なぜ小松菜か」という教材観をはっきりさせる。

《長所》
- 身近なスーパーでも手に入りやすく，学生は無意識に見ている。
- 初心者向けで，低学年の子どもでも大学生でも簡単にできる。
- 栽培適温が18～25℃で，１年を通して育てられる。
- 適応力が高く，プランター，植木鉢でも育成が可能である。
- ３日ほどで発芽し，１カ月ほどで収穫できる。大学の講義では最適である。
- 健康野菜で栄養価も高く，食育にもつなげられる。
- 料理のレパートリーが豊富で，満足感が得られる。

《短所》
- 実を付けないので，一見地味である。そこをどうクリアするか。

（３）「小松菜を育てよう」の活動計画

大単元「小松菜を育てよう」を，図５-２に示すように３つの小単元で構成することで，学びにつながりをもたせて，「生命の営みや尊さを実感する」とともに，「子どもたちや学生自身の成長を目指す」という目標に迫れるように

する。教科等との合科・連動を図って，ダイナミックに構成していくことで，子どもたちや学生の喜々とした活動が期待できる。以下は1つの活動計画事例である。

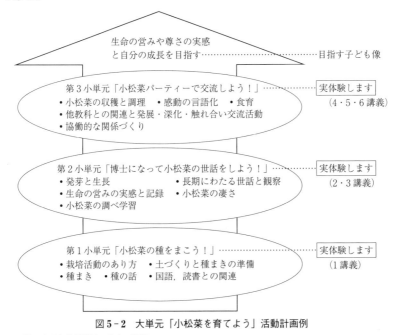

図5-2 大単元「小松菜を育てよう」活動計画例

注：右は大学授業用の目安の時間。
出典：筆者作成。

3 栽培活動の実際①——第1小単元「小松菜の種をまこう！」

（1）小松菜を育てる動機づけの工夫
【子どもの場合】

　生き生きとしたやる気のある学習活動を期待したいときに，最も重要な鍵を握るのが「学習意欲の喚起（動機づけ）」である。生活科では教えずして学ぶことが大事で，先生が主導になるのではなく，子どもが主人公になって活動していく。とくに，栽培活動の場合は長期的な活動となるので，途中で意欲が減退

したりして活動が持続しないときがある。そうならないように，活動前に活動後のゴールの様子を想像させて意欲を喚起する導入の仕方が適している。

たとえば，かぼちゃを育てる場合だったら，何気なくかぼちゃケーキの写真を見せるとか，本物を一口ずつ食べさせるとかしてゴールの姿を想像させると，「かぼちゃケーキをつくるためにしっかり育てよう！」という目的意識が生まれ，意欲が途切れない。人間にとって食べることは本能であるから，食で動機づけする方法は大きな効果が期待できる。

【大学生の場合】（実際に試してみよう！）

大学生でも，活動の動機づけがあった方が自分事として栽培できる。動機づけの１つ目の方法は，自己認識の変容をみるという目的をもつ方法である。やり方は，たとえば導入時に，自身の小松菜の学習前のイメージマップを描くことで，小松菜への自分の認識の浅さを自覚する。あまりよく知らないという実態が予想できる。写真などを見ながら，小松菜という野菜の存在に気づき「育てることで自分の小松菜に対する認識やイメージの変化をみていこう！」という方向に導く。そして，活動終了後にも新たなイメージマップを描く方法である（図５-３参照）。

活動前と活動後の２つのマップを比較考察してみると，活動後の自身の認識の変容に驚くはずである。自分でも予想していない感性の部分が表出し，栽培活動の学びの意義に気づいていける方法である。

方法の２つ目は，大学生の皆さんに２節の(２)で上述した「大学における栽培学習の現状と課題」や「なぜ小松菜か？」「小松菜を育てることで生命の営みや尊さを実感できるか」などを問題にしながら，栽培活動に取り組んでいく方法である。いわゆる生活科の「やって」「気づいて」「生活化」するという学びのプロセスを通して，問題解決のための自己検証をしていく方法である。

図５-３　小松菜のイメージマップ

第5章　栽培活動

　皆さんは，子どもと教員の双方の視点に立ちながら，実際に小松菜を育ててみよう。ときには子どもになって，ときには担任の先生になって小松菜を育てていくことで，双方の立場での本単元への理解を深めていくことができる。そして，結果的には，小松菜の生命の営みや尊さを自分事として実感し，自己の成長の姿を見取ることができる。この体験は，必ずやより良い授業づくりにつながっていくはずである。

（2）小松菜の土作りと種まき

① 土づくり

　子どもとは畑づくり，土づくりから始めるとよい。畑の土づくりは，畝づくりの粗起こしのときに，1 m^2 当たり 2 kg の堆肥と 100 g の苦土石灰をすき込み，あらかじめ中和しておく。4～5日後，畝全体に 1 m^2 当たり 150 g の元肥（化学肥料）を混ぜ，1 m 幅の畝をつくっておく（『小松菜の土作りと施肥』）。

　鉢やプランターでの土づくりは次に示すとおりである。大学生の皆さんは一人一鉢で取り組むものとして，市販の培養土を利用する。100円均一店などでも，安価でしっかりした鉢や受け皿が買える。

② 種をまこう！

　次のやり方を参考にしながら，小松菜の種まきをしてみよう！

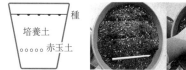

図5-4　種まきの鉢　　　　図5-5　条まきした小松菜の発芽の様子

---

① 種まきに必要なものを用意する（鉢と鉢皿・観察カード・種を入れるビニール袋・土（班で1袋）・種・ネームプレート・ジョウロ・移植ごてなど）。
② 小松菜の種を観察し，カードに記録する。写真を撮って貼ってもよい。
③ 種まきをする。「種まきの鉢」（図5-4）を参考にして間隔をあけてまく。
④ 「条まき」（一列にまく）（図5-5）と「点まき」（ばらまく）があるが，間引きのことなど考えると条まきがよい。

⑤ 土を軽く手で押さえて、土と種を馴染ませる。
⑥ 陽当たりがよく世話のしやすい場所に鉢を置き、水やりをする。
⑦ 後始末をしてから、種まきのことを観察カードに記録する。

(3) 種の授業を特設して、種や発芽の凄さに迫る

　種まきの時期に、種の授業をあえて国語や道徳等との合科で特設することで、大きな教育的効果が期待できる。1、2年生だから難しいことは抜きにしても、恩恵を受けて私たちが食している種もたくさんあるわけで、身近にある種のことを知り触れていくことは、子どもの認識を大きく変えていく。

　教科書にも様々な花や野菜の種が紹介されている（なかにし、2010、128～135頁）が、種については知れば知るほど凄い存在であることがわかる。種は生きていて、先祖からの遺伝情報と子孫が育つ栄養素をもった「タイムカプセル」だということ、一粒が万倍にも増え、自分の子孫繁栄のために並々ならぬ知恵を絞って進化してきていること。たとえば、「ツノゴマ」という珍しい種があ

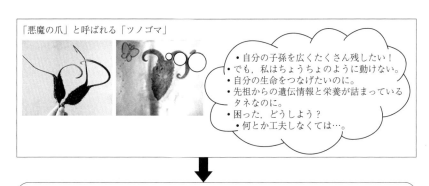

「悪魔の爪」と呼ばれる「ツノゴマ」
- 自分の子孫を広くたくさん残したい！
- でも、私はちょうちょのように動けない。
- 自分の生命をつなげたいのに。
- 先祖からの遺伝情報と栄養が詰まっているタネなのに。
- 困った、どうしよう？
- 何とか工夫しなくては…。

○悪魔の爪「ツノゴマ」の授業を、国語のタネの説明文の授業や読書教育との合科で、タネは生きていて、様々に工夫しているということを「紙芝居」をつくって見せる。
○ツノゴマなどのタネたちの生き延びるための多様な工夫を織り込む。
- ツノゴマは中南米原産の植物であること
- ツノゴマは、動物に運んでもらうという知恵を使ったこと
- 鋭い角が人や動物にささり、痛みで暴れると、タネがはじけて仲間を広い地域に増やすこと
- 見た目やタネの増やし方が凄すぎて、「悪魔の爪」という怖い名前でも呼ばれていること
○ツノゴマやタネたちの生命の営みの逞しさに気づかせる。

図5-6　珍しい種の話「ツノゴマ」の紙芝居づくりの構想図

るが,「悪魔の爪」と呼ばれてまで仲間を増やそうとするその凄い生き様には驚かされる（多田, 2008, 132頁；知的好奇心の扉トカナ, 2017）。図5-6に示すようなツノゴマの生き様の事実を擬人化して紙芝居にして見せてやるなど工夫をすると, 子どもたちが喜々として学ぶ。

　他にも, 多種多様な種の存在を知るだけでも楽しい。その楽しさを知らせるには, 子どもたちが野菜の種まきをするときこそチャンスである。子どもたちは, 様々な種の存在やその生命の営みの凄さに気づいていき, 栽培活動に生命が吹き込まれていく。子どもたちの知的好奇心と意欲は各段にアップするのである。

4　栽培活動の実際②──第2小単元「博士になって小松菜の世話をしよう！」

(1) なぜ博士になってみるのか？

　栽培活動は長期の取組みになるため, 授業を進める上での子どもの意欲化を図る工夫が必要となる。その一例として,「博士になって小松菜の世話をしよう！」などと動機づけてみるとよい。皆さんも「博士」になって調べてみよう。小松菜の新たな一面がわかり, 楽しい栽培活動ができるはずである。

○子どもになって試してみよう！──世話をする留意点

　「博士」になっていくためには, 以下の活動が必要であることを踏まえて, 自覚的に進めていけるとよい。ただし,「カード」や「ワークシート」に書き入れたり, 最後に1冊にまとめたりしていく方法は, 1, 2年生では国語科と関連づけながら段階を踏んで, 書き方等を指導しつつ取り組む必要がある。

- 毎日詳しく観察し世話をする。
- 変化があったとき（とくに, 発芽）は, 写真や観察カード, 別紙に記録する。
- 種まきから発芽, 生長, 間引き, 収穫, パーティー等を観察カードに記録する。
- 他にも小松菜について詳しく調べ, ワークシートにまとめる。

- 最後は，自分流に創意工夫して１冊にまとめて成就感を味わう。

（２）生命の営みと尊さを実感する世話の工夫
① 意欲と愛着をもつ世話の仕方

一人一鉢栽培するのと，畑でグループや学級全員で栽培するやり方の両方が行われる条件があれば理想的である。一人一鉢栽培では，名札づけして「わたしの〇〇」という関わりをもたせて意欲化を図るなどの工夫をすると，責任をもって育てられるようになる。そのため，陽当たりを考慮しながら，子どもが関わりやすい場所に置くようにすることが大切である。また，畑でも「自分たちの野菜」意識をもたせるために畑の区画を分けて，グループや個人の名札を立てるなどの工夫をすると，責任をもって世話ができるようになる。

② 子どもの気づきや情意を記録する「観察カード」の工夫

種まきから収穫までの長期にわたっての植物の生長を観察カードに記録するなどし，生命の営みを実感していくようにする。植物が自分と一体化した気づきから，植物への愛着や収穫時の喜びも増すはずである。その思いや喜びという「情意」が多様な気づきを生み，次の第３小単元の調理や食への感謝，小松菜パーティーへの思いや願いへと発展していく原動力となり，子どもの意欲が継続していく（図５-２参照）。子どもの学びや活動意欲の基本は，子どもの育てる活動における苦労や頑張りである。その拠り所になるのが「観察カード」などによる言語化である。国語との合科で効果的に進められる。

学生の皆さんは，子どもの立場でまず記録を取り，次に，その子どもを評価する担任の立場で，朱書きでコメントを書いてみよう。この作業は双方の立場を理解できるので，授業づくりに役立つはずである（図５-７参照）。

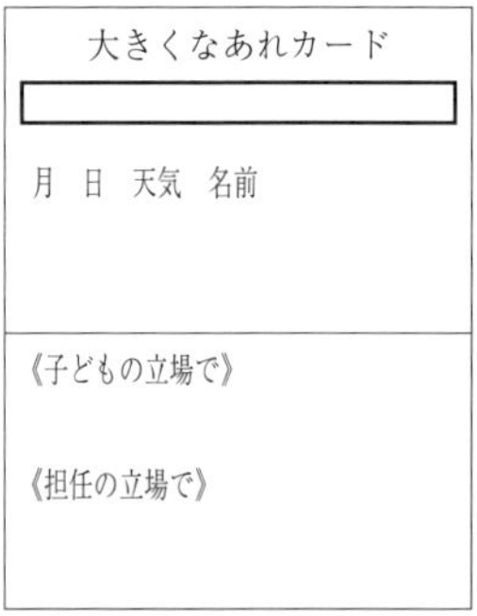

③ 「間引き」をすることの意味

栄養を集中させるために必要な分を残して芽を摘

図５-７ 「大きくなあれカード」

む作業を「間引き」という。一生懸命に可愛がって育ててきた苗を間引くという行為は，子どもたちにとってはつらいことではあるが，込み合ったままでは大きくしっかりした小松菜に育たないので，その必要性をきちんと説明する。抜いたものはベビーリーフとして持ち帰って，サラダなどにして食べると美味しい。学年便りなどで家庭とも連絡し合うと協力できる。

④　ピンチは学びのチャンス

　動植物は生き物である。命が生まれたり死んだりする。水やりを忘れたら枯れてしまう。ゲームに出てくるキャラクターとそこが違う。動植物とともに喜び，悲しむ生活科でありたい。枯れたり死んだりしたら学びのチャンスだ。なぜ，そうなったかの原因を考えさせる生活科でありたい。道徳にもつながる。

⑤　地域の人との連携

　「畑の先生」として，地域の農家の人やお年寄りに協力を求めるとよい。子どもとの交流もでき一石二鳥となる。しかし，あまりやってもらいすぎると効果は半減し，子どもの育ちが減るので気をつけたい。

5　栽培活動の実際③——第3小単元「小松菜パーティーで交流しよう！」

（1）小松菜の収穫と調理・感動の言語化と食育

① 　収穫の喜びを味わう

　種まきから1カ月ほど経つと，いままで一生懸命育ててきた小松菜もすくすく育ち食べ頃となってくる（図5-8）。いよいよ収穫である。収穫は喜びの感情が頂点になるが，名前までつけて可愛がって育ててきたせいか，株をはさみで切ったり，抜き取ったりする収穫が悲しいと表現する子どもたちや学生もいる。皆さんはどうだろうか？

②　小松菜の収穫から「食育」につなげていく

　生活科では，自分が心を込めて育てた野

図5-8　収穫間際の学生の小松菜

図5-9 小松菜料理づくりの様子

菜を収穫して、さらには調理して食することで、自然との関わりで「食育」を実施している。「食育」とは、心身の健康の基本となる食生活に関する様々な教育のことで（内閣府食育推進室　農林水産省ほか、2015）、生涯にわたって行われるものである。食物の生命をいただき、それが自分の栄養となっていくわけで、生命への感謝と喜びを実感するチャンスとなる。まさに、第二の生命実感ができるのである。皆さんも小松菜料理で食育にチャレンジしよう。

③　班のみんなと一緒に小松菜料理をつくろう！

　事前に、食育との関連から、小松菜がどんな料理に使われているのかを調べて、その中から班で調理してみる料理を選択する。そして、その料理の材料やつくり方、必要な道具を確かめる。こうして小松菜料理に挑戦する。

　子どもたち同様、大学生でもみんなでやる調理活動はわくわくするようだ。近年は、学生ですら包丁や直火を使って調理する経験が少なくなっている。それゆえに、自分たちで収穫したものを自分たちで調理する経験は重要である。図5-9は、各班のレシピに従ってみんなで協力して作業する学生たちの喜々とした様子である。その楽しさが伝わってくる。

④　みんなで食べると美味しいね！　楽しいね！

　完成したら、「いただきます」をして食べる。育てる苦労や頑張り、喜びや感動、料理の出来栄えなどを話し合いながら食べる。笑顔溢れる和やかで楽しい時間が過ぎる。食べ終わったら後始末も忘れない。

⑤　感動の言語化から小松菜パーティーへ

　自分で育てた小松菜を食した感想を言語化させてみると、実に生き生きとした表現で書く。そこで、歓びや感謝の気持ちなどの生まれたばかりの情意が新鮮なうちに、国語との関連で、絵日記や詩、説明文、手紙などの多様な方法で言語化しておくとよい。そうして、互いに紹介し合うなどの学びの共有化を通して、気づきの質を高めながら、次の交流活動への思いや願いへとつなげてい

こう。

(2) 他教科等との合科・連動と触れ合い交流活動
① 「小松菜パーティーで交流しよう！」の準備

次に，インプットされたことを，言語だけではない「多様な表現方法」によって，互いの情報を「伝え合い交流していく」。つまり，生活科の醍醐味である他教科等との合科的連動的な学びへ発展深化をしていくわけである（図5-10参照）。たとえば，言語化した詩に「曲を付けたいな！」「小松菜ダンスをつくって踊りたいな！」などと，音楽や体育などの教科や領域等と関連づけていくと，より内容の濃い楽しい表現活動が展開できるようになる。また，招待者を設定するだけで，学習者の意欲は倍増し，いままでの学びを再構築した新たな創作活動にチャレンジしていける。どんなパーティーにするか，何をテーマに発表するか，お客は誰を呼ぶかなど詳しく相談したい。

主人公意識をもって，伝えたいテーマに向けてみんなで試行錯誤しながら完成させていく活動が，子どもたちにとってどんなに楽しく充実していくことかは，想像できるであろう。こうした協働的な双方向のやり取りをする触れ合い交流活動は，誰とでも仲良く生活することの良さや楽しさを理解し，より良い人間関係の構築を目指していく上で大きな役割を担っているといえる（文部科学省，2017）。

② 「小松菜パーティーで交流しよう！」

小松菜パーティーでの発表会では，各班の努力と団結の賜物であるテーマ性に溢れた内容で，どれ一つとして同じものがない。構成メンバーが異なれば表現も異なるということで，まさに，生命を実感する個性と多様性が光る表現活動となっていく。学生でも，自分たちの発表に自信と誇りをもって臨み，また，互いの良さも認め合っていく良い機会となる（自己評価表，他己評価表で）。

参考までに，実践校の講義における各班の発表テーマを紹介する。どの班も小松菜への思いが溢れていた。

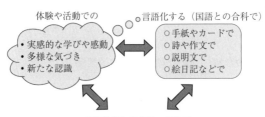

図5-10 体験と言語・交流活動へのつながり

1班「小松菜への恩恵」	2班「ぼくとこまつな」
3班「小松菜の一生」	4班「小松菜への感謝」
5班「小松菜の生命力」	6班「替え歌♪　水を欲しがる小松菜」
7班「みにくい小松菜の子」	8班「ぼくは小松菜」
9班「食べ物の大切さ，命のあること」	10班「さんぽ feat 小松菜」

（3）学びの振り返りと自己の成長の自覚

　生活科では，活動における「自分自身の振り返り」は欠かせない。本栽培活動でも，実際に学生が子どもになって野菜を育てながら，学生自身が多様な発見や生命の営みや尊さに気づき，感動して，最後には，学生自身が教える立場としての自分の変容を自分で見取り，自己の成長の姿を自覚化していく。

　その一つの方法として，「学びの感動や育った力」を全部書き出す自己評価がある（学習の課題参照）。授業では，書き出した学びの感動や育ちから，各自のベスト3を中心に全体で集計して，その結果から栽培活動の有効性を全員で考察する。自分だけの育ちでなく，全体の育ちの傾向が捉えられて客観性が増す方法である。

　実践校での授業の受講生80名の結果をみてみると，最も多かった学びは，「生命の営みや尊さの実感」54人（67.5％）であった。その理由として，「生命

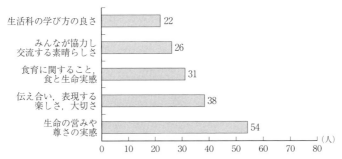

図 5-11 T大学生活科関連科目（2017）受講生80人に学びや育ちの自己評価を実施

の尊さを教えるのには，こんなにも小さなことで良いのだと思った」「こんなに小さなタネの中に小松菜の命が詰まっているんだ。そのことがとても嬉しかったし，小松菜の生命力が凄いと思った」と学びや感動をあげている。他にも本活動で目指した目標がすべて見事に，学生の学びの上位に表出していることに驚く（図 5-11 参照）。

やはり，大学の授業においても，食物となる植物を実際に育てながら授業づくりをしていくことの有効性がよくわかる結果となった。生活科の，やってみてわかり，生活化していく授業は，学生にも必要なのである。

引用・参考文献

「小松菜の土作りと施肥」（websaku.sakura.ne.jp 2018年2月14日アクセス）。
櫻井茂男・佐藤有耕編（2013）『スタンダード 発達心理学』サイエンス社。
多田多恵子（2008）『種子たちの知恵』NHK出版。
知的好奇心の扉トカナ「悪魔の爪と呼ばれた食虫植物たち」（tocana.jp 2018年2月14日アクセス）。
内閣府食育推進室　農林水産省ほか（2015）「食育基本法・食育推進基本計画」。
なかにしひろき（2010）「たねのたび」『こくご2年』三省堂。
平山諭・鈴木隆男編著（1993）『発達心理学の基礎Ⅰ』ミネルヴァ書房。
文部科学省（2017）「生活・内容(7)(8)(9)」「小学校学習指導要領比較対照表」。

学習の課題

(1) 食物を栽培するに当たっての準備から実際の栽培活動とその記録化，食べられ

る野菜についてはその収穫から調理・試食等に至るまでの継続的な学習の見通しを，自分でも実際に体験しながらしっかりと体に刻み込んでおこう。
(2) 生活科における栽培活動の役割と可能性，さらには，栽培活動による食育の役割と可能性について，あなたの考えをまとめよう。
(3) 栽培活動に実際に取り組んだ「あなた自身の学びの感動や身に付いた力」を書き出し，自己の成長を考察しよう。

講義	活動名（時系列で）	気づきや考えたこと，学びの感動や身に付いた力など

【さらに学びたい人のための図書】

塚谷裕一（2001）『植物のこころ』岩波新書。
　　⇨植物たちの知られざる生の営みがつぶさに紹介されており，生命の本質を教えてくれる。

兵庫・生と死を考える会編（2007）『子どもたちに伝える命の学び』東京書籍。
　　⇨「命の尊さ」と「生きることの大事さ」を教えてくれる。教員になる人の必読書である。

藤田雅矢（2010）『捨てるな，うまいタネ』WAVE出版。
　　⇨いままで捨てていたタネをいますぐにでも蒔きたくなる。タネの楽しさがいっぱいの本である。

（根本芳枝）

第6章 栽培活動からの発展学習
——身近な植物を生活に活かす

この章で学ぶこと

> 身近にあっても気にもとめず過ごしていた植物の葉・花・実などが、生活に必要な衣・食に関わっていることを改めて認識し、五感を働かせてほんものに関わり、不思議を発見する楽しさを味わう生活科の授業づくりを目指す。とくに、地域に昔から伝わってきたモノづくりには人の知恵がたくさん詰まっている。こだわりをもつほんものの人との出会い、体験をしながら道具の存在や使い方、手順や工夫を身に付け、モノづくりの面白さ、モノづくりから学ぶことの楽しさも感じ取れるようにしたい。

1 季節の香りを食べる（春編）

（1）ヨモギの葉で団子づくり

　ヨモギはキク科の植物で万能薬草でもある。そのため、ヨモギ茶、ヨモギ粉での薬膳料理、ヨモギアロマ、ヨモギ風呂、ヨモギ蒸し、ヨモギパック、お灸など、様々に利用されている。

　春の初め、道ばたの枯れ草の間から小さな薄緑色の芽を出し「春の訪れ」を感じさせてくれるヨモギ。そのヨモギを一人ひとりにプレゼントすると、子どもたちは早速、観察し、感触を確かめていた。日頃から「よく見たり、触ってみたり、においを嗅いだりしていろいろ試してみることが大事な勉強法」と話してきているからである。「さらさらしてる」「茎のところに白い毛があるよ。はっぱにもあった。だからふわふわしてるんだ」と発見したことを観察カードに書いていた。

　そこで、「これがヨモギという草。食べることができます」と話すと、「食べ

たい！」「食べてみたい！」と、今度は食材としてのヨモギに子どもたちは興味を示した。「ばばばあちゃんの『よもぎだんご』の本があるよ」という子もいた。「ヨモギはどんなところにあるかな。自分で見つけてきてね」の声かけに、翌日から朝の発表で「学校に来る途中にありました」「おばあちゃんちにありました」「つぶしたら、緑じゃなくて真っ茶色のしるが出ました」など、ヨモギ発見のニュースで大賑わいになった。なかには菊の新芽をまちがえて摘んできた子がいて、ヨモギと菊の違いも学ぶことができた。まちがえたことがかえって学びを豊かなモノにした例である。

　身近にあっても素通りしていた自然ヨモギに対して関心がもてるように題材化することで、子どもたちは関心をもち、自ら見つけたり関わったりして学んでいく。そして、その一人が見つけたことや知ったことを友達の前で発表するという活動を通して、知見を共有したり言葉で表現する力も豊かになっていったりする。そのことは一人の学びが聞いている仲間との学び合いへ広がり、仲間関係も深まっていくことになる。

　どの子にもヨモギの生えている様子を見つけさせ、春の自然を体全体で感じてほしいと思い、天気の良い日、河原に出かけた。校外に出るときには子どもたちの安全確保のために、保護者にもお手伝いいただいている。保護者も安全確保しながら、子どもたちと一緒に自然発見を体験できる。

　こうして摘んできたヨモギでいよいよ子どもたちと一緒に調理していく。主な流れは以下のとおりである。

【ヨモギ団子のつくり方例】
①材料　ヨモギ，上新粉と白玉粉をブレンドしたもの，または，市販のだんごの粉が便利，好みで砂糖や黄な粉
②道具　鍋，ざる，すり鉢とすりこぎ棒（なかったら包丁で細かく刻む）
③手順
　1）きれいなヨモギの葉だけを取り出す。
　2）茹でる。
　3）柔らかくなったら水に取り出す。
　4）水切りしたらすり鉢でする。できるだけ細かくする。茎の繊維もよくすってつぶす。

> 5）白玉粉と上新粉のブレンドにヨモギも入れて徐々に水を入れて混ぜる。
> 6）こねながら耳たぶぐらいの固さにまでよく練る。
> 7）小さなかたまりをとり，だんごの真ん中をへこませて湯に入れる。
> 8）団子が浮き上がって1～2分したら冷水に取り，団子をしめる。
> 9）水をよく切り，砂糖入り黄な粉をまぶしたら出来上がり。

　調理活動にはどの子も目を輝かせる。そして，先生と一緒に何かをつくることがこんなにうれしいことなのかと感じて，「またやりたい！」と意欲を燃やす。保護者も授業づくりに参加できれば，日頃見ているわが子の違う新たな面を発見できたり，クラスの子どもたちと教師の理解につながったりもする。ひいては学校教育の理解にもつながり，子どもを仲立ちに教師と親がつながって良い教育環境となっていく元となりうる。

　なお，「葉を食べる」ということでいえば，桜の葉を塩漬けにして，「桜餅」をつくることもできる。

　これらの学習の軌跡を絵や文で観察ノートに書かせることを大事にしたい。1年生ならば，たとえ書かれたものが稚拙であっても絵だけであっても，その子どもなりに書くことによって体験を振り返り，考え，確かめ，学びを確かなものにしていくことになる。2年生になると表現方法も豊かになってくるので，ヨモギ団子づくりの様子を，4コマ漫画で表現したり，観察カードを順序よくつないで一まとまりの巻物にしたりすることもできるようになる。すると，ヨモギ団子ができるまでの時間的経過も見えてくる。

引用・参考文献
　さとうわきこさく（1989）『よもぎだんご』（かがくのとも傑作集）福音館書店．

（2）梅の実でジュースづくり

　全国各地に梅林，または梅の樹がある。青梅の梅郷地区は土地の名前のとおり梅栽培が盛んで，至る所に梅の木があり，何万本もの見事な梅の花が咲く観光スポットの公園もあった。梅の実や梅干しを出荷する農家もあった。この地

域にある学校では，2年生が地域の特産品である梅を収穫し，ジュースをつくり，飲み，味わっている。

梅の酸味は天然の良質のクエン酸によるもので，人体において疲労や老化の原因となる焦性ブドウ酸の発生を減らす力があると科学的に証明されている。

春，白やピンクのかわいい花を咲かせ，かぐわしい香りも漂わせるようになる梅。花の後には小さな緑の実がだんだんふくらみ，6月の入梅時期に収穫のときを迎える。その6月，子どもたちを連れて学校の近くの「梅の公園」に出かける。長い竹の棒で梅の枝を揺すると，梅の実がバラバラと落ちてきて，子どもたちは争うようにして拾い集める。なかには丈夫そうな低い木に登って採る子もいる。日頃，木登りなど危険と止められてしまう子どもたちだが，このときは梅をもぎたい一心で「登っていい？」と積極的になる。友達に見守られながら登り，生き生きと梅もぎをする。教師も子どもも楽しいときだ。

さて，採ってきたその実で，今度は「梅ジュース」を子どもたちとつくる。このときに，「青い梅は毒があるから食べてはいけない」ことはしっかり伝えておくことが大切である。

【梅ジュースのつくり方】
① 材料　梅の実，砂糖
② 道具　ざる，竹串，梅の実が入るくらいの大きなガラス瓶
③ 手順
　1）梅の実をよく洗ったら水気を切る。
　2）手でへたを取る。
　3）エキスが出やすいように梅の実に竹串で無数の穴を開ける。
　4）ガラス瓶に，梅1kgに対して砂糖1kgを入れる。
　5）瓶を揺すって砂糖が梅の実に満遍なくかかるようにする。
　6）教室の冷暗所に置き，毎日瓶を揺すっていると少しずつ汁が上がってくる。
※日の当たるところや暑いところではブクブクと発酵してしまう。発酵してしまったモノはいったん梅の実を取り出し沸騰させるとよい。

こうして，色づいた梅の汁がいっぱい上がってくればジュースは完成となる。器に氷を入れた後にジュースを注ぎ入れれば，みんなで乾杯！　となる。暑い

夏の日の甘酸っぱい香りと甘く冷たい梅ジュースは，子どもたちには大好評である。

このように，子どもと教師が楽しんで地域にあるモノを生かして学ぶことは，地域に根ざした学びを追究していく意欲となっていく。

（以上は，元青梅市立第五小学校の望月雅子先生からの取材による。）

2　栽培して実を食べる（夏秋編）

（1）大豆栽培から黄な粉づくりへ

　大豆を加工してできている食品はとても多い。その中でも黄な粉は一番大豆そのものに近い栄養素を含んでいる。人間の体になくてはならない必須アミノ酸が豊富で，脂肪やビタミンB1もたくさん含んでいる。食物繊維も多く，胃腸の調子を整えてくれる食品で，近年は健康食品としても見直されている。

　その黄な粉は，給食によく出る黄な粉揚げパンの他，安倍川餅や黄な粉ドリンクなどにも使用されている。また，黄大豆からできる黄色黄な粉の他に，青大豆からできるウグイス黄な粉，黒豆からできる黒豆黄な粉もある。あんこ餅より黄な粉餅の方が好きという子どもが多いようである。

　しかしその黄な粉が，「何から」「どうやってつくられているのか」は意外に知られていない。実は，家でも学校でも簡単につくることができる。実際に学校でつくってみることで，材料や製造工程を知るとともに，「よ〜く見て」「鼻を働かせて」「耳も働かせて」「手ざわりも」と，大いに五感を働かせ，固い豆が砕ける様子をよく見たり，音や香りなどにも意識を向けさせたりして学ばせていきたい。また，黄な粉をつくるときの道具と使い方を知り，手間暇かかる作業やその面白さも体験できるようにしたい。

　大豆栽培から始める。まず，煎る前の大豆が実は種であることに驚く。その大豆の種を初夏に蒔く。そして日々世話をしていくことで，秋になると葉っぱが落ちて，茎が茶色くなり，サヤの中の大豆がカラカラ音を立てる。そうなれば収穫できる。乾燥させてからその実を採って黄な粉づくりに入る。

> 【黄な粉のつくり方】
> ①材料　大豆，砂糖，塩
> ②道具　ざる，加工していない鉄製のフライパンなど
> ③手順
> 　1）大豆はさっと洗って水気を切る。
> 　2）大豆をフライパンに入れて，弱火で焦がさないようにゆっくり煎る。
> 　3）大豆の表面の皮が割れてきて中がオレンジ色になり，香ばしい香りもしてくる。
> 　　　噛んでみて，カチッと鳴るくらい固くなったら完成。
> 　　　※豆はとても熱いので教師が確かめる。
> 　4）ざるに広げてよく冷ます。
> 　5）大豆をコーヒーミルに入れて電源を入れる。
> 　6）豆が細かく，粉になったら取り出す。あたり一面に黄な粉のいい香りが広がる。
> 　7）たっぷりの砂糖と塩少々を混ぜたら完成。

　黄な粉は，ヨモギ団子やお餅にまぶして食べると一段とおいしくなる。
　この一連の黄な粉づくりまでの様子を，観察カードにそのつどよく思い出して書くようにさせる。そのカードは掲示したり友達と交換したりして学び合う。班や学級で紙芝居にまとめたり，動作化して表現してまとめたりするのもよい。書くことで気づきを深めて一人ひとりの認識を確かにするとともに，共同で取り組むことによって学び合いも生み出す。新たな友達理解にもつながる。子どもたちからの疑問は新たな学びの糸口となる。また，食べ物を自分でつくり食べることで生きる力も太くし，食文化の継承にもつながる。
　なお，これらの活動手順は紙芝居風につくり，掲示しておくとよい。そうすると，子どもたちに活動の見通しができて，取組み作業がスムーズに進む。

（2）小麦栽培からうどんづくりへ

　給食では小麦を材料にしたパンがよく出る。しかし，小麦でつくられている食品はパンだけではない。うどん，パスタ，ピザ，ケーキ，まんじゅう，その他，飴やお菓子，みそ，醬油，ビール，酒にも使われている。小麦製品を食べない日はないと思われるほど小麦は身近な原料である。

しかし子どもたちは、その小麦が「どこで、どのように栽培されているのか」を見たことがあるだろうか。「食べること」は「生きること」に欠かせないが、人はどこでどんな働きをし、どんな苦労や工夫をしてその食を得ているのだろうか。そのことを体験を通して学び、生きる力を伸ばしていきたい。

　まずは小麦の栽培から始める。小麦の多くは秋に種まきし、冬を越し、「麦秋の6月」といわれる梅雨の晴れ間に収穫する。畑を耕し肥料が撒けたら、3〜5粒ずつまとめて種を撒く。その後土をかぶせた後、鳥に種が食べられないように軽く踏む。

　葉が伸び始めるのは霜が降りる冬。そこで欠かせない作業が麦踏みである。なぜ踏むのかというと、霜柱で土が持ち上げられ根が切れたり、強い風で根元の土が吹き飛ばされたりするのを防ぐためである。また、踏みつけられた麦は、その刺激で寒さに強くなり、分けつを促し、たくさんの実をつけるのである。そのため、「踏まれて強くなる麦」である。踏まれた芽はソロソロッと起き上がってくる。子どもたちの中には「ごめんね」と言いながら踏む子がいるが、踏んだ後に芽が起き上がるのを見ると「ああよかった」と安心するだろう。

　雪の降り積もる日もあるだろう。「たいへん！　むぎがなくなった！」と子どもたちは心配する。しかし、地上の麦の葉は雪に押しつぶされていても「冬の麦の根は地獄の底までのびている」といわれるくらい地中深く2mものびることがある。根は土の中の水や養分を吸い取り、成長にかかせない役目をしているのである。

　春になると茎や葉が成長して、丈が伸び、穂ができ、花が咲き、受粉して実ができる。こうして収穫期を迎えるのである。近くに麦畑があれば見学学習したり、農家の人から土づくりから収穫までの仕事の苦心や苦労を聞いたりすることにより、ほんものの学びができる。また、麦の生長を詳しく説明している写真集など適時参照しながら観察をすすめると、ほんものと写真と比べてみる学び方もできる。

　ここまでの成長の様子を、「茎」「穂」「花」「実」などポイントを示して観察させたい。成長・変化を感じ取り、観察カードにかかせることによって詳しく

見る観察力や言葉や絵での表現力も養うことになる。

　今度は収穫した小麦で食品へと加工していく過程を体験しながら学んでいく。それは自然物を食べ物に換えて人間が生きていくための道具，加工の工程や工夫を学び人間の知恵を感じ取れるようにしたい。

【小麦粉のつくり方】
①材料　小麦
②道具　安全のための軍手，鎌，脱穀機，石臼
③手順
　1）小麦を刈り取る。
　　※収穫には道具を使うことを知る。まずは鎌で刈り，刈った麦を束ねる原初的方法を体験させたい。そのことで，麦の穂はチクチクしている，茎が真っすぐだが折れてしまうなど麦の特徴も感じ取れる。
　2）1週間ほど穂を稲架(はさ)がけするなどして天日に干す。
　3）穂から実だけを落とし皮をとる（脱穀する）。
　　※まずは穂から自分で実を採ってみる。そして，黄色い表皮をむくと白い実が出てきて，その白い実だけを使うと，サラサラの白い粉になることを理解させる。ちなみに，表皮も入れた粉が全粒粉である。この工程を体験させた後に，機械を使った脱穀の様子も見学させると機械の便利さもわかる。
　4）製粉する。
　　※実を押し潰すことにより粉になることを，原初的方法として石臼による粉ひきで体験させたい。

　学年やクラスで収穫した小麦で果たしてどれだけの粉がとれるだろうか。市販されている袋の粉の量を得るには，相当の麦を収穫しなくてはならないことも，こうして実感することができるだろう。それから，小麦を材料とするうどんをつくってみよう。味のよい，こしのあるうどんをつくるうどん屋さんには，それを職業とするほど，みがかれた技がある。おいしいうどんは，「どのようにしてできるのか」「どうしたらおいしいうどんになるのか」探求する学びは，子どもの興味・関心を高める。

【うどんのつくり方】
　①材料　中力粉500ｇに対し水225ccと塩25ｇ　片栗粉少々（打ち粉として）
　②道具　厚手のビニール袋，麺棒，鍋
　③手順
　　１）袋に粉，塩，水を入れてしっかり口を閉じる。
　　２）粉っぽい部分がなくなるまで振ったり揉んだりする。
　　３）団子状になるまで何度もこねる。
　　４）生地がまとまり伸びてきたらたたんでビニールの上から踏む。
　　５）この後少し寝かして弾力を戻す。
　　６）袋から取り出したら大きな団子のように生地をひとまとまりにする。
　　７）台に打ち粉をしたら生地を麺棒で全体として薄くなるように伸ばす。
　　　※厚いと，中まで熱が通らなかったり，固かったりする。
　　８）打ち粉をしながら生地を３つくらいにたたんで包丁で細く切って麺状にする。
　　　※細すぎると茹でているときに溶けてしまう。
　　９）沸騰したお湯に入れて煮立ったら取り出して完成。

　麺つゆにつけて「ざるうどん」にしたり，温めた麺つゆに入れて「かけうどん」にしたりして食べてみる。班ごとに「つくったうどんの食べ比べ」をし各班のうどんを少しずつ食べ，見た目や喉ごしを比べてみる。「どうしたらこんなに上手にできるの？」という探究心をさらに育てることになる。子どもが夢中になる学びの姿は，子どもたちの学びが自分のものになった証である。
　なお，包丁や熱湯を扱うことになるので，ここでも保護者の協力を得たい。家庭では危ないことは避ける傾向がある中で，小学校低学年期の子どもたちでも，こうして包丁やお湯を扱って調理ができるのだという事実を目の当たりにすることになる。そうすることで，家庭でも調理に参加させてみるなど，生活に対して主体的になれる機会が広がる。
　なお，種まきは秋で収穫は初夏となるので，おのずとこの実践は１年生から２年生にかけての取組みとなる。

引用・参考文献
　かこさとし（1987）『せかいのパン　ちきゅうのパン』（かこさとしのたべものえほん

2）農文協．
かこさとし（1987）『うどんのはなはどんないろ』（かこさとしのたべものえほん3）農文協．
鈴木公治（1989）『ムギの一生』（科学のアルバム9）あかね書房．
中西敏夫文（1992）『こむぎ・ふくらんでパン』（たくさんのふしぎ）福音館書店．
吉田久編（1998）『ムギの絵本』（そだててあそぼう［7］）農文協．

3 不思議発見，モノづくり

（1）自然から色をもらう草木染め

　台所にはたくさんの色が見える。ほうれん草のゆで汁は緑色，ゴボウの灰汁抜きした水はにおいも残って茶色。赤カブの酢漬けは透明な汁がだんだん赤くなってくる。では梅干しは何で染まっているのだろう。こうしてみると，台所からたくさんの染めの世界が見える。染めの世界は化学の世界でもある。
　自然から色をもらう草木染めは草や木だけを染料としてきたわけではない。昆虫や糞から染料をつくったり，石や鉱物を砕いて顔料をつくったりしてきた。こうして人間は，自然の色を取り入れ，文化的な生活を豊かにしてきた。
　「ジャパンブルー」といわれて世界に知れ渡る藍色は，藍の草から採れる。江戸時代から「紺屋」といわれる商売は藍の染め物から始まった。そうして庶民には藍色の縞柄の着物が好まれた。化学染料ができる前，人々は自然の色で染めて生活してきたのだ。そうした染色文化を子どもたちに伝えていきたい。
　朝顔を育てていた1年生。「先生，花が咲いたよ」と言って摘んできた紫の朝顔の花。見せにくる間にぐったりシワシワになっている。意気消沈の子どもに「色水にしたら」とビニール袋をあげると早速水道場へ走っていく。「きれい！　ピンクの色水！」と喜んで，また花を取りにいく。それを見ていた他の子たちも「ビニール袋ちょうだい」と言ってきて色水屋さんが始まる。すると，家でもペットボトルにコスモスの花びらを入れてシャカシャカ振って色水をつくってきたり，お母さんとナスのへたを煮て色をつくってきたりもする。一方で，ペットボトルにクーピーの削りカスを入れてシャカシャカ振って「きれい

でしょ」と満面の笑みを見せる子もいる。しかしそれは混ざっているけれど溶けていない。

　そのうち「色水で色紙をつくりたいな」という子も現れる。そこで和紙を染めることを教えた。子どもたちの持ってきた花の汁，コーヒー，給食に出た巨峰ブドウの濃い紫色の汁水などを，どんどん和紙につけていった。そうして自分で染めてつくった色紙を大切に，折り紙や切り紙などに使って遊んだ。

　子どもたちがせっかく「染め」に関心をもったので，もっと鮮やかな色で本格的な染色活動ができないだろうかと考えた。そこで染織家に聞くと，「セイタカアワダチソウもいい。花壇に咲いているマリーゴールドは全草大丈夫。花びらを摘んで冷凍保存しておけばいつでも染めることができる」と教えてくれた。

　9月，学年便りでも呼びかけてマリーゴールドの花びらを集めた。地域の花壇や近所の家から分けてもらったり，お父さんが勤め帰りに見つけてわざわざ採ってきたりして，家族ぐるみで協力してくれた。

　そのマリーゴールドを煮つめて「染め液」をつくり，白いハンカチを浸す。しかし，染まる所と染まらない所があることに気づかせたいから，浸す前にハンカチに輪ゴムでとめてたくさんの絞りをつくったり，洗濯ピンチで挟んだり，思い思いの模様ができるようにした。子どもたちは，湯気の間から染め液の色を見たり，においを嗅いだり，どんな模様ができるか楽しみに待った。ミョウバン液からハンカチを取り出したり苦心して輪ゴムを外し，水で洗うときには「色が消えないか」と心配し，「どんな模様ができたかな」と楽しみにしたりしていた。そうして，ゴムや洗濯ピンチを外していくと「きれい！」「黄色だ！」「いっぱい丸い模様ができた！　ふしぎ？」と感動する。

　子どもは感動すると自分から家でも話題にするので，家族でも染めを楽しむ家庭が出てくる。ある子はタマネギで草木染めを試してきた。染めたハンカチ2枚を「わが子が染めた布だから宝物」と小さく刻んでパッチワークにして道具袋をつくってくれた療養中のお母さん。染めたハンカチに初めて針を持って，大きな縫い目で袋にしてきた子たち。他にも親子で草木染めを楽しみ，わが子

の宝物にして残そうとする保護者もいた。子どもの感動は親も動かす。

この実践を通して見えてきたことは次のことである。

- 子どもたちの発想・問いから始まった学習は子どもたち自身のものになり主体的な学びをつくっていく。
- 子どもは心から感動したとき,自ら語り動き始める。そして学び合いも生まれる。
- 本物の染織家からの学習活動への示唆は,豊かな学びにつながり,人とつながった実践は本物志向の学びにつながる。
- 「草木染め」という学習材の面白さ,豊かな学びは子どもたちを夢中にし,その子どもの姿に保護者も心惹かれ,草木染めの虜になっていく。
- 久米島や奄美大島の泥染め,八丈島の小鮒草(こぶなぐさ)による黄八丈,山形の紅花染めなど地域にはそれぞれの自然を活かした染めの世界がある。草木染めの体験学習から学びの面白さを知れば,地域を見直す学びへと発展していける。
- 草木染めでは,同じ染料でも,布地と染料の量の関係や染料の収穫時季の違い,染めの回数,媒染などでいろいろな色に染まる。草木染めの難しさも面白いところである。

引用・参考文献
子どもの遊びと手の労働研究会編(1990)『織ってつくろう　編んでつくろう』ミネルヴァ書房。
ジィーフェルト,ハリエットぶん,ローベル,アニタえ／松川真弓やく(1990)『アンナの赤いオーバー』評論社。
林泣童(1986)『ネイチャーズクラフト　草木で染める』農文協。
丸山伸彦(2002)『すぐわかる　染め・織りの見分け方』東京美術。
山崎青樹(1984)『草木・木綿の染色』(新技法シリーズ)美術出版社。
染色業についての問合せ
新宿区染色協議会など。

(2)松ぼっくりのツリーづくり

「花が咲いた後には実ができる」というのが自然の法則だが,松の花を見た

第6章　栽培活動からの発展学習

ことがあるだろうか。牧野（1967）によると「あかまつは4月ごろ新しい枝の頂に2～3の紫色の雌花を，その下に雄花を群生」とある。雌雄同株の木なのである。他でも，雄花から花粉が舞い上がり雌花に付く。4～6月にかけて雌花が緑色の実になる8月には茶色く変化する。冬を越し1年後の4～6月になると再び大きくなり11月頃たねをとばすとある。

　林の中にちょこんと落ちている松ぼっくり。上を見ると木の枝にもまだまだ実がいっぱいついている。「ここにも，あそこにもある！」とついついその実を拾いたくなる。地面には緑の細長いドングリのような実も茶色の実も，鱗片の開いたままの実も落ちている。これらは全部「松の実」なのだ。

　松ぼっくりの開いたところをよく見ると，薄い茶色の羽のようなモノが見えることがある。逆にすると薄い羽がヘリコプターのプロペラのようにクルクル回りながら落ちる。子どもたちはプロペラの種を高いところから落とすと回るようすをおもしろがり何度も試みていた。

　松ぼっくりの薄い羽のようなモノは風が吹くと飛ばされていく（風散布）。その薄い羽の先にある固いモノが実は種なのである。種は松ぼっくりの奥の方にくっついていたのだ。

　松の実・種は古くから人間の食料としても利用されてきた。お菓子や料理に珍重されている。日本で身近に見られる黒松や赤松の種子は小さくて食用に向かないが，世界では食用に十分な大きさの種をもつ松があり利用されている。

　まずは松ぼっくりを集めてみよう。そうして，子どもたちに松ぼっくりをどこから拾ってきたか発表させて松の木のある場所に気づかせる。そうして，他の子どもも自分で拾うことができるようにする。クラスや学年単位で現地に出かけると，松の木のある場所の様子や松の木の様子もわかり豊かな学びにつながっていく。

　さて，その松ぼっくりでミニツリーをつくってみることにしよう。

【松ぼっくりのミニツリーのつくり方】
①材料　松ぼっくり，ビーズなどの小さな装飾品，珈琲クリーマー等の小さな空きカップ

②道具　カラースプレー，爪楊枝，ボンド，ピンセット
③手順
 1）松ぼっくりを緑や銀や金色のスプレーで染める。
 2）ボンドを松ぼっくりの装飾品をつけたい場所に爪楊枝でつけておく。
 3）そこに小さな装飾品をピンセットで挟んでつける。
 4）2）～3）を繰り返す。
 5）珈琲クリーマーの上に松ぼっくりのツリーが載るように接着すれば完成。

　家族やおばあちゃん・おじいちゃん，友達にあげようという目標をもつと，意欲的に何個もつくる子どもも出てくる。

　手仕事の機会が少なくなっている子どもたちにとって，単純な繰り返しによりきれいなモノができあがっていくことは，大きな喜びとなる。その結果どの子も夢中になって取り組んでいた。様々な材料や道具を使ってモノができる体験は，人の知恵の素晴らしさに気づかせ，知恵を働かせ手仕事をすることや巧みな技への挑戦心を育てる。また，モノを大切にすることや思いやりの気持ちをも養うのではないだろうか。

　また，松ぼっくりの観察からの回転落としの遊びは，回転しながら落ちる工作遊びに発展させていくこともできる。細長い紙切れを高いところから落とすと，全体が回転しながら回ったりひらひらとゆっくり落ちたりする。「早くクルクル回って落ちるにはどんな形がいいのかな？」「どんな大きさがいいかな？」と工夫していけるようにしてみよう。色紙や色画用紙などを使うことで，見た目もきれいな紙ヘリコプターにしてみよう。もっと意欲的につくってみることだろう。なぜ落ちる様子が変わるのだろうと考え，科学の芽を養うことにもなる。

引用・参考文献
牧野富太郎（1967）『牧野日本植物図鑑』北龍館。

（3）綿栽培から糸・布へ

　生まれたばかりの赤ちゃんが最初に包まれるのは，バスタオル，産着，サロン，いまでこそパルプ製品のおむつであるが以前は綿製品のお古や晒し布などで，すべて「綿」でできた製品であった。

　綿はそれまでの麻や木の皮を繊維にしてつくった衣服に比べて柔らかく，汗や水分を吸い，丈夫である。だから庶民に「木綿革命」といわれて愛用されるようになった。綿はシャツやジーンズ，トレーナーなどの衣類の他，手ぬぐいやシーツなどの寝具，種から取る綿実油などの綿製品だけではなく，そのまま綿として布団や脱脂綿などにも使われている。生活に欠かせないものである。

　綿は暑い地方でよく育つ農作物で，ムクゲに似た可憐なクリーム色の花を咲かせる。花がすぼむ頃，ピンク色に変化する。そしてガクに包まれた小さな緑色の実がだんだんふくらんできて，コットンボールとなり，途中から白い綿が飛び出してくる。その様は変化に富んでいて，子どもたちの栽培観察活動にも適している植物である（表6-1参照）。

　綿はおよそ次のような過程で育っていく。

　綿の学習に入るとき，絵本「わた」の読み聞かせをした。「花の色が変わるなんて不思議！」「コットンボールからどうやって綿がはじけ出るの？」と，

表6-1　およその綿栽培カレンダー

五月	六月	七月	八月	九月	十月
・土作り（草木灰、腐葉土をたっぷり混ぜる） ・種まき（地面の温度が高くなり暑くなってきた頃）	・双葉が出る ・本葉が出る ・次々に本葉が出る ・蕾ができ始める	・次々と花が咲く	・緑の実ができてくる ・緑の実がふくらんでくる ・コットンボールができてくる ・実が茶色に変わってくる ・実に切れ目ができて次第に広がってくる		・綿の繊維が飛び出してくる

注：地域により差異がある。
出典：筆者作成。

図6-1 綿から糸をつくる方法

興味をもち疑問も示したので,「栽培してみたい？」と問うと, 意欲的に種の観察から始めた。手のひらに種を載せると手触りや色形などよくわかる。さらによく見える虫眼鏡を使って観察させた。観察カードに見たことを書きながら確かめ, 手触りなどで感じたことも書く学習活動は, 物事をよく見る観察力をつけるとともに, 新たな疑問もわいてきて主体的に取り組む学びにつながる。

双葉の観察カードでは「はっぱは, ちょうちょ の よう でした。茎の先は, ちょっとだけ 赤かった」「まだ でたばっかの はの上に たね (たねの皮) が ついていて おもしろかった」と形や色や様子をよく見て, 自分の感じたことを言葉で表現していた。

花の観察では「わたの花は, はじめの日は クリームいろで しぼむときには ピンクになった。わたのはっぱは あさがおのはっぱ みたいでした。はっぱは ざらざらでした。花びらは やわらかかった」と花の色の変化を捉え, 触った感触や朝顔の葉と比べてその違いを言葉で表現していた。

緑色のコットンボールがふくらんできた頃には「いつ綿がはじけ出るか？」の問いをもって観察し続けた。「グリーンボールにひびが入っちゃった！」の知らせにみんなで見にいくと, 中に白いモノが見える。「綿じゃないの？」と大騒ぎ。「これからどうやって綿が出てくるか見ていこう」という話になり, 毎日観察。20日目にして白い房状の綿が反り返ったコットンボールから飛び出していた。こうして晴れた日, ふわふわした綿の繊維が飛び出したコットンボールを収穫する。

第6章 栽培活動からの発展学習

【綿から糸をつくる方法】

生活の中で頻繁に使われている綿製品が，綿から繊維を取り出し，糸を紡ぎ，糸で布を織ることでできることを原初的な手仕事を体験して気づかせたい。具体的な子どもの学習活動と留意点を示す。

1) 収穫したコットンボールからフワフワの綿を取り出し，繊維と種に分ける。

その種は植えたときの種と同じモノである。1つの種からたくさんの種ができるという自然の法則に気づかせたい。この仕分けは大変な作業である。そこで「綿繰り機」という道具が考え出された。それを体験させることで，人間の知恵や道具の仕組みや便利さにも気づかせたい。

2) 繊維の塊を広げていき，何本かの繊維を撚り合わせ細い糸にする（糸紡ぎ）。

途中で切れても重ね合わせて撚るとまたつながっていく。そのことに子どもたちは驚き，その不思議を発見していこうと一生懸命になる。子どもたちの紡いだ糸を見せ合うことでお互いに頑張りを讃え合える。今日の生活で「撚る」仕事はほとんど見られない。根気と手技のいる仕事であり，手間暇がかかる。だからこそ時間がかかる手仕事によってできた糸をとても大切にしようとする。そのことでモノを大切にする気持ちも養われる。また，本物の「糸車」も体験させられたら，その仕組みや便利さ，それをつくり出した人の知恵にも気づいていける。

【木綿布を分解してみよう】

糸から布はどうやってできるのだろう。

そこで，まずは木綿の布をバラバラにしてみよう。木綿の布が織られている様子がよく見えるものとしてガーゼがよい。子どもたちに小片を配る。そして，「ガーゼ布をよく見てみよう。何が見えるかな？」と言って肉眼や虫めがねを使って観察させる。次に，「糸と糸をゆっくり解いてバラバラにしてみよう」と指示する。縦糸に横糸が交差していることに気づくだろう。また，糸くずの山ができ，たくさんの糸でつくられていたことにも気づくだろう。さらに，「もっとバラバラにしてみよう」と指示すると，糸から綿の繊維が出てきて，ガーゼは綿糸で織ってできることを発見するだろう。すると，「他の布だとどうなっているの？」と探究心を働かせていくだろう。

【布を織ってみよう】

縦糸に横糸を交互に通していくと，糸から布がつくられていく。これは「手作り織機」があればできる。手作り織機は超厚紙に切れ目を上下に入れるとできる。その切れ目に縦糸をかけていく。切れ目にすべて糸が入ったら，今度は別の糸を横糸として，縦糸の上下を繰り返し通していく。端に抜けたらまた次の列を同様に進めて，繰り返していく。「糸」は，たこ糸，毛糸，エノコロ草などの単葉の草，ほそい枝などでもよい。毛糸の色を織り進むごとに替えたり，横糸を草や枝などにしていったりすると，一層楽しみながら「織る」という仕事や織機の仕組みを知ることもできる。

地道で根気のいる仕事だが，ミニコースターやミニタペストリーとして出来上がると，「世界に一つだけの作品」としての完成の喜びを味わえる。仕事の苦労や苦心・工夫とともに喜びも感じることができる。

　綿や木綿織物の歴史は，人々の生活と歴史に大きな影響を与えてきた。だから学びの多い魅力ある教材である。生活科や総合学習の中で学年に応じた学びを展開させたい。

引用・参考文献
江村芳子作（1985）『くらしのなかのわた』童心社。
大野恭雄・広田益久編（1986）『はじめての綿づくり』木魂社。
子どもの遊びと手の労働研究会編（1990）『手づくりひろば②　織ってつくろう　編んでつくろう』ミネルヴァ書房。
武部善人（1989）『綿と木綿の歴史』お茶の水書房。
永原慶二（2004）『苧麻・絹・木綿の社会史』吉川弘文館。
日比暉（1998）『そだてて遊ぼう10　ワタの絵本』農文協。
綿のたねについての問合せ
(財)日本綿業振興会。
鴨川和綿農園。

> **学習の課題**
> (1) 生活科の教科書では最近，野菜の収穫後の調理活動例が紹介されている。どんな活動例が紹介されているか，8社ある生活科の教科書で調べてみよう。
> (2) 生活科の教科書では，栽培した植物を使っての遊びや工作表現活動も紹介されている。同様に各教科書ではどのような遊びや工作表現活動が紹介されているのか，調べてみよう。
> (3) ここに紹介されている以外にも，人間生活と関わりの深い植物にはどんなものがあるのか調べてみよう。そして，その植物がどのように加工されて，身近な物として生かされているのかも調べてみよう。

【さらに学びたい人のための図書】
子どもの遊びと手の労働研究会編（1990）『手づくりひろば②　織ってつくろう　編

んでつくろう』ミネルヴァ書房。
　⇨糸をとる・紡ぐ，染める，織る，組み紐，編む・編み物などの実践例が満載である。

中河原良子（2009）『じゃんけんぽんあいこでしょ　こどものそだちがみえてきた』ルック社。
　⇨小麦の栽培から小麦粉・パンづくり，綿から糸・布へ，大豆から豆腐など生活科の実践が満載である。

三石初雄・大森亨編（1998）『小学校の環境教育実践シリーズ②　はえてきた草木　育てた草木』旬報社。
　⇨草木，稲・藁，柿，綿を素材にした実践例や米づくりから収穫祭まえの実践が満載である。

　　　　　　　　　　　　　　　　　　　　　　　　　　　（中河原良子）

第7章 飼育活動
―― 動物とともに過ごす

この章で学ぶこと

> 生活科の学習題材の大事なことの一つに動物との関わりがある。ところが近年，本来の自然に生きる動物たちに目を向けていくことが環境的にも困難になってきているだけではなく，ペットとしての愛玩動物には親しみをもつ傾向が高まった反面，自然に生きる動物たちを嫌悪してしまう傾向がある。こうした中で，自然に生きる動物たちを，現代環境の中でともに生き，自然の恵みを残し，人間の体をもつくる栄養源となっている大事な存在として，見つめ，関わり，理解を深めていくことがきわめて重要である。そうした基本的な動物に対する理解と，学級で飼育活動を行っていく際のイメージを深めていきたい。

1 「飼育」活動と子どもたち

(1)「動物」とともに暮らす

「現代の子どもたちは動物に触れる経験が減っている」といわれたら多くの人が同意するだろう。私自身も子どもたちを見ていてそう感じる場面が多い。「家ではペットは飼えない」という住宅事情だったり，ペットアレルギーの子が存在したりしている影響があるのだろう。学校ではウサギなどの小動物に触れない子がいたり，学習で牛などの見学に行った際に飼育舎のにおいに耐えられず，「臭い！」とあからさまに訴えて鼻をつまんで見学する子がいたりする。

電子機器の普及とともにバーチャルな世界で動物を「飼う」ことも流行っている。私は「たまごっち」ブームを経験した世代だが，スマホの普及によって，「飼育される」動物の種類も飼い方も格段に多様化，複雑化，「現実」化している。そんなゲームに熱中する子どもたちの姿を見ることも多い。そういう姿を

見ていると「動物に触れる経験が減っている」という見方が自然と出てくる。

しかし，子どもたちの身近で動物が飼われる機会が減ってきているかというとそうともいい切れないデータも見つかる。2010年の内閣府「動物愛護に関する世論調査」によると「ペットを飼っている」と答えた人の割合は1979年は33.2％，1990年は34.7％，2010年は33.4％，と33％を超える数値で，横ばいで推移している。実に3家庭のうち1家庭以上が動物を飼育していることになる。子どもたちの姿から受ける印象とは喰い違う数値であると感じている。

同じ調査で飼っているペットの種類を複数回答で聞いたところ，犬は58.2％，猫は30.9％，魚類は19.4％，鳥類は5.7％となっている。ここ数年「鳥類」は減少傾向にあるという。

（2） 教室の中の動物

では，学校では動物がどのくらい飼われているのだろうか。全国的には「わが国では約9割の小学校が飼育舎でウサギ，ニワトリなどの動物を飼育している」（日本獣医師会「子どもの心を育てる学校での動物飼育」2007年）という。あまりにも私の周りとかけ離れた高い数値なのではないかと思った。そこで，他の調査結果も参考にしてみることにした。すると，2016年の山梨総合研究所の調査「学校現場における動物飼育の現状と課題について」では，学校で動物を飼育していると答えた学校は57.8％，飼っていないと答えた数値は42.2％となっていた。また，親に「お子さんの学校ではどんな動物を飼っていますか？」と質問して答えてもらっている調査（ベネッセ教育情報サイト，2011年）では，小学校の8割が何らかの小動物を飼っているという数値が出ている。

上述の調査（山梨総合研究所）では飼育している動物は「うさぎ」「ニワトリ」「カメ」の順で多いが（図7-1），ベネッセの調査ではウサギは33.3％，魚は23.4％，ニワトリは12.4％，カメは8.8％となっている。両方の調査とも「ウサギ」が一番多く飼われている動物になっている。

この数値も私が予想していた数値よりは高い数値になっている。「子どもの身近から動物が消えていった」「子どもたちは動物と触れ合う経験が少なく

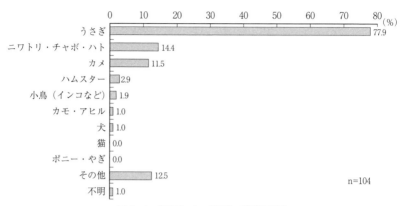

図7-1 飼育している動物（複数回答）
注：「現在，動物を飼育している」と回答した人。

なった」とはいい難い数値である。では，子どもの姿から受ける印象と数値（現状）には喰い違いがあるのだろうか。

そうではなく，子どもたちの身近にいる動物を飼う目的や飼い方等が以前とは大きく変わってきているからではないだろうか。子どもたちの身近にいる動物はもはや「動物・家畜」として存在しているのではなく，「ペット＝愛玩動物」として存在しているからではないだろうか。学校においても同じような傾向があるように思うが，今後その点を検証しなければいけない。

2　教室の中の「飼育活動」

（1）ペットとしての動物飼育

上述の調査（内閣府「動物愛護に関する世論調査」2010年）では，なぜペットを飼育するかを質問している。2003年にも同様の調査が行われているが，表7-1のように，2回の調査とも「安らぎが生まれる」「なごやかになる」「心豊かに育つ」と「癒し」効果や「心育て」を期待する目的で飼っていることを明らかにしている。しかもその傾向は増えている。

私の子どもの頃は，犬を飼うのは「番犬」としてであり，猫はもっぱらネズ

ミを獲ることを期待して飼っている家が圧倒的であったのだ。犬・猫でさえも「家畜」として，飼われていたのである。

表7-1　ペット飼育がよい理由（複数回答，上位4項目）
(％)

	2003年7月	2010年9月
生活に潤いや安らぎが生まれる	54.6	61.4(増)
家庭がなごやかになる	45.2	55.3(増)
子どもたちが心豊かに育つ	41.2	47.2(増)
育てることが楽しい	27.2	31.6(増)

（2）学習指導要領に見る「飼育」活動

そもそも学校で「動物の飼育」をなぜするのだろうか。「学習指導要領」に書かれる「飼育」の項目をみてみたい。

学習指導要領で「生活科」が正式に新設されたのは1992年である。それ以前の学習指導要領で「飼育」について触れているのは「理科」と「道徳」の項目の中である。

> 1980年　小学校学習指導要領
> 理科（1～2年）
> 　目標
> 　1年(1)　身近に見られる生物を探したり世話をしたりさせて，生物の著しい特徴に気付かせるようにするとともに，生物に親しむ楽しさを味わわせる。
> 　2年(1)　身近に見られる生物を探したり育てたりさせて，生物の生活の仕方及び育ち方に気付かせるようにするとともに，生物に親しむ楽しさを味わわせる。
> 　内容
> 　1年(3)　いろいろな動物を探したり飼ったりさせながら，動物の食べ物，体の形，動きなどの特徴に気付かせる。
> 　2年(2)　草むら，水中などの動物を探したり工夫して飼ったりさせながら，それらの食べ物，住んでいる場所，動きなどに違いがあることに気付かせる。
> 道徳
> 　内容
> 　　10　自然を愛護し，優しい心で動物や植物に親しむ。

> （低学年・中学年においては，自然に親しみ，優しい心で動物や植物をかわいがり世話することを，高学年においては，更に，自然を愛護することを加えて，主な内容とする。）

「生活科」が新設されてからは「生活科」と「道徳」の中で「飼育」に関して触れる部分が多い。いままでの学習指導要領とは大きく様変わりしたといわれる新学習指導要領から飼育に関する部分をみてみよう。

> 2017年公示　小学校学習指導要領
> 各学年の目標及び内容〔第1学年及び第2学年〕
> 　目標　(1)　学校，家庭及び地域の生活に関わることを通して，自分と身近な人々，社会及び自然との関わりについて考えることができ，それらのよさやすばらしさ，自分との関わりに気付き，地域に愛着をもち自然を大切にしたり，集団や社会の一員として安全で適切な行動をしたりするようにする。
> 　　　　(2)　身近な人々，社会及び自然と触れ合ったり関わったりすることを通して，それらを工夫したり楽しんだりすることができ，活動のよさや大切さに気付き，自分たちの遊びや生活をよりよくするようにする。
> 　内容　〔身近な人々，社会及び自然と関わる活動に関する内容〕
> 　　　　(5)　身近な自然を観察したり，季節や地域の行事に関わったりするなどの活動を通して，それらの違いや特徴を見付けることができ，自然の様子や四季の変化，季節によって生活の様子が変わることに気付くとともに，それらを取り入れ自分の生活を楽しくしようとする。
> 　　　　(6)　身近な自然を利用したり，身近にある物を使ったりするなどして遊ぶ活動を通して，遊びや遊びに使う物を工夫してつくることができ，その面白さや自然の不思議さに気付くとともに，みんなと楽しみながら遊びを創り出そうとする。
> 　　　　(7)　動物を飼ったり植物を育てたりする活動を通して，それらの育つ場所，変化や成長の様子に関心をもって働きかけることができ，それらは生命をもっていることや成長していることに気付くとともに，生き物への親しみをもち，大切にしようとする。

> 道徳
> 　内容　D　主として生命や自然，崇高なものとの関わりに関すること
> ［生命の尊さ］
> 　〔第1学年及び第2学年〕生きることのすばらしさを知り，生命を大切にすること。
> 　〔第3学年及び第4学年〕生命の尊さを知り，生命あるものを大切にすること。
> 　〔第5学年及び第6学年〕生命が多くの生命のつながりの中にあるかけがえのないものであることを理解し，生命を尊重すること。
> ［自然愛護］
> 　〔第1学年及び第2学年〕身近な自然に親しみ，動植物に優しい心で接すること。
> 　〔第3学年及び第4学年〕自然のすばらしさや不思議さを感じ取り，自然や動植物を大切にすること。
> 　〔第5学年及び第6学年〕自然の偉大さを知り，自然環境を大切にすること。

　並べてみると1980年の学習指導要領では，理科教育としての一環なので目標にも「生物の著しい特徴に気付かせる」「生物の生活の仕方及び育ち方に気付かせる」という自然認識を育てるねらいが入っている。新学習指導要領からはその点に触れた記述がない。また，1980年の学習指導要領の目標・内容の両方で使われていた「探したり」という言葉が消えていることがわかる。さらに，「動物の食べ物，体の形，動きなどの特徴に気付かせる」「食べ物，住んでいる場所，動きなどに違いがあることに気付かせる」などが消えている。新学習指導要領では「気付き」「関心」と「生命」という言葉が強調されている。「動物を飼う」という活動が，体験的に自然を学ぶという目的から，「命」「心育て」の活動へとねらいを移してきたことがわかる。

　学習指導要領の変遷を受けてか，現場でも飼育活動の目的をより「命」「心育て」に置いていることがわかる調査結果も出ている。上述の山梨総合研究所の調査で，「小学校等で動物を飼育する教育目的」について聞いたところ，「いのちの飼育（愛情飼育のうち，特にいのちに注目した効果）」が最も多く85.6％。次いで「愛情飼育（人と動物が親しみ合う，情をかわすことから得られる効果）」が

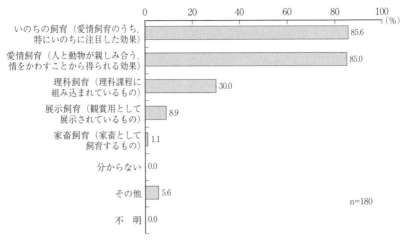

図7-2 小学校等で動物を飼育する教育目的（複数回答）

85.0％。3番目に「理科飼育（理科課程に組み込まれているもの）」が30.0％となっている。

この結果から，学校でも家庭で飼われている「ペット」と同じような目的で動物飼育が行われているとみることができる。ここに現代の飼育活動の問題点があると考える。

（3）学習と結びつけた「飼育活動」を

動物を教室で飼うことで得られるものは多い。子どものもつ好奇心に火が付く飼育活動が展開されると自発的な探究活動が始まっていく。図鑑で得た知識を試そうという取組みも始まる。

以前，1年生で「カタツムリ」を飼ったことがある。登校途中に子どもが見つけて持ち込んだものだ。これに刺激されて，絵なども届く（図7-3）。しばらく飼っているうちに，子どもの中からいろいろと「"実験"したい」という希望が出てきた。最初は「食べものとうんちの色を調べたい」，次に本当に「水の道をつくるとそこを通るか」「糸の上は歩けるか」等，本に書いてあったことを確かめようという動きが始まっていった。驚いたのは「カタツムリには

オスとメスはなく、どっちも卵を産むことができる」という雌雄同体を実験したいと言い出した子がいたときだった。カタツムリの殻に小さく目印をつけてペアリングを変えて数日間試すことになった。残念ながらこのときの実験では確かめることは

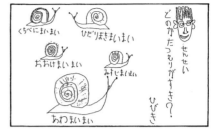

図7-3 届いたカタツムリの絵

できなかったが、子どもたちの探求心には驚かされた。子どもたちのこの姿は、まさに自然科学を学ぶ姿であり、そこで得た知識は本から得た知識とは質的に大きく違うものである。

　教室で一定期間動物を飼うことで、その動物の命をつなぎとめるための仕事も発生する。しかも、その仕事の内容は飼われている動物側から規定される。カイコを1万頭飼ったことがある。カイコは5齢に入ると旺盛な食欲を示す。朝あげた桑の葉が昼にはもうなくなっている。昼休みにどんなに忙しくとも桑の葉をあげなくてはいけない。1週間近く続いて熟蚕を迎える。熟蚕になるとカイコを拾って回転まぶしに入れる作業が発生する。私が飼ったときもちょうど休みの日に当たり、来られる子どもを集めて作業することにした。

　教室でオタマジャクシを飼いカエルまでに成長させたこともある。日々変化するオタマジャクシの姿に子どもたちは興味津々で常に飼育ケースを覗いていた。覗いては餌をあげるということが起こり、水がどんどん汚れていく。それを防ぐために、餌やりは当番の人だけという決まりができあがる。子どもの側からルールが提案され、そのルールで仕事が進んでいく。守らなければオタマジャクシの命に関わることもあることを知っているだけに、子どもたちは最後までこのルールで仕事をやり通していた。

　教室掃除などの仕事と違って「命」に関わる仕事は子どもたちに真剣さと緊張感を生んでいる。"自分都合"でない仕事をやり通す中で、子どもたちには責任感が育っていると感じる場面も多かった。飼育活動には具体的な仕事が発生し、しかもその「やり方」も一定の学習と慣れが必要になる。「やり方」は

飼っている動物の本来の生態や環境から発生したり，長い間の飼育データの結果から確立されたりしたものである。それは自然科学の学習であり，それを踏まえた技術・技能の学習の入り口に当たるものである。このような活動の中で子どもたちに育つこうした力は人間の力としてとても大きな価値がある。

じっくりとした飼育活動を経た結果として，子どもたちの中には「命」の大切さや「愛情」をもって動物に接しようという気持ちや態度が育つ。「命」「心育て」という目的に向かって飼育活動が行われる中では，表面的な徳目としての「命」「愛情をもって」しか残らない。常に学習と結びつく飼育活動が大事である。そのためにも自然科学的な視点をしっかりもって「教室での飼育活動」を進める必要がある。

3 「教室」の中で動物を飼う

(1)「教室」を単位に動物を飼おう

前節の結びで「教室での飼育活動」と書いた。「教室」は単に場所を指しているのではない。飼育活動を進めていく，基礎的な単位を指している。学校における動物飼育の様々な調査の中で「なぜその動物を飼育するようになったか」という項目で一番多いのが「すでに飼っていたから」という答えである。数年間生きる動物を飼育すると誰かが引き継いでいく必要が生じてくる。そのために「委員会」をつくっての飼育活動がされたり，担当教師の裁量による飼育活動が展開されたりしていくことになる。私自身も学級で動物を飼育した経験と「委員会」的な組織で飼育した経験の両方がある。振り返ってみると，「教室」で飼育した方が子どもにとって常に身近で，動物の変化も間近で見ることができ，学習と結びついた飼育活動が展開できていた。飼育活動の中で発生する仕事も「学級」を単位とする方が子どもたちの学ぶことが多くなる。

(2)「動物」を教室に持ち込む

「動物」を教室に持ち込むといっても，直接動物を持ち込むとは限らない。

他の章でも触れているが，教室という場で動物を飼育しなくとも，子どもたちの目を身近な自然や動物に向けることができる。

　私の学校では「はっぴょう」という時間を生活科の授業の一環として毎日つくっている。そのときに，登下校の際に見つけた身近な自然や動物たちが教室にたくさん持ち込まれる。ある子が「今日，ホシミミズがしっぽを上にして死んでいました」と発表した。私は「ホシミミズってどんなミミズかな？」と思ったが，他の子どもの疑問は違っていた。「どうしてシッポだとわかったのですか？」。発表した子は答えられず，早速に調べることになった。次の日に「見つけたカード」（調べてきたことを書き込むカード）が届いた。「びっくりしたことに，ミミズはこんちゅうではなくて，かんけいどうぶつというんだって。こんちゅうのずかんにはでてなくて，さかなとかのずかんにでていたよ。ずかんにはどっちがあたまかはでてなかったけど，わたしはふといほうがあたまだとおもうよ」と書かれていた。

　駅のホームにツバメが巣をつくっているのを見つけた子からは「えきのホームのツバメのすから，ヒナがかおを出していました」というカードが届いた。さっそく発表し教室に掲示した。「何匹ですか？」という質問が出て，その子は学級の子が関心をもってくれたことにうれしくなって，巣立つまでほぼ毎日「はっぴょう」や「カード」で教室にツバメの様子を届けてくれた。教室に実際にミミズもツバメも届かなかったが，関心をもって調べていくこと，その調べたことを共有し合うことで，飼育したことと同じような学習はできる。

（3）飼育ケースで「動物」を飼育する

　私は東京23区内にある小学校で1年生と10種類近い動物を飼育したことがある。教室の後ろにあるロッカーの上に20個以上の飼育ケースを並べて飼育した。子どもたちは毎日のように飼育ケースを覗き，その変化を楽しんでいた。飼育ケースが子どもたちの目を身近な自然に向ける窓になっていた。

　それを支えたポイントがいくつかある。1つ目は「飼育ケース」を大量に用意していたこと。子どもが持ち込んだ動物をいつでも飼育・観察できるように

しておくための道具として，とても役だった。飼育ケースには大きさがいろいろあるが，どれも手頃な値段で入手できる。200円台から手に入る。ケースの数に比例して持ち込まれる動物が増えていった（図7-4）。2つ目は「飼う期間」をはっきりさせて飼うことである。学級で飼うということを追求すると長い期間の飼育は難しくなる。とくに，夏休みや冬休みなどの長期休業期間をどうするのか，それを念頭に飼育していく必要がある。持ち込まれた時点でいつまで飼うのかはっきりさせておきたい。3つ目は子ども自身が調べることのできる図鑑や辞典を教室に用意することである。飼育する動物を特定し研究したり，狭い飼育ケースの中を少し

図7-4　届いた「あのねノート」
　　　　教室の中の生き物

でも「自然」に近い飼育環境に整えていったりするためにも，子ども自身が読める図鑑や辞典は絶対必要である。

　ある子が「トカゲ」を捕まえてきたことを発表した。捕まえた子は「トカゲ」だと言う。ところが，「動物博士」を自認するある子が「イモリ」だと言い張った。調べてみようということになったが，放課後には飼育ケースには水が張られていた。イモリを主張する子どもが水を張ったのである。「トカゲ」は水の中でもがいていた。急いで調べてみるとそれは「カナヘビ」だった。あわてて飼育ケースの水を捨てて土を入れた。図鑑が身近にあることの大切さを感じた出来事だった。

（4）「動物」を捕まえに行く
　教室で何を飼うかはとても大切なポイントになる。教師の様々な計画やねらいはあるだろうが，自分たちで捕まえたり持ち込んだりした動物の飼育の方が子どもたちをより主体的にさせる。

第7章　飼育活動

　私の場合、教室で飼った動物のほとんどが子どもたちから持ち込まれたものだった。時期や学習との関係で、どうしても見せたい動物については、子どもたちと捕まえに行った。たとえばオタマジャクシだ。東京の23区内にあった私の学校のプールはオフシーズンでも水を張っている。そのプールは使用の前に全教職員でプール清掃をする。そうすると、ほぼ毎年、プールでオタマジャクシを発見する。そのオタマジャクシを子どもたちみんなで捕まえに行き、教室で飼おうと考えた。普段はカギがかかっていて入れないプールだが、そのときだけはカギを開けて、網を

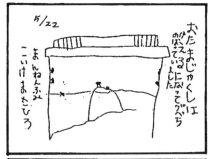
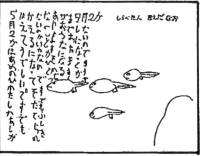

図7-5　オタマジャクシの記録

持って子どもたちと捕まえに行った。子どもたちは大喜びだった。班ごとの飼育ケースにオタマジャクシを入れ、教室に戻り、子どもたちと飼うための準備をした。教室ではオタマジャクシとカエルの違いなどを学習しながら飼育ケースの準備をした。砂を入れたり陸をつくったりする必要があるが、オタマジャクシとカエルの呼吸の違いや餌の違いを学習したことで、子どもたちはどの班も工夫して陸をつくっていた。

　そして「足が出てカエルになったら、近くの公園に逃がしに行く」ことを確認して飼い始めた。なぜカエルになったら飼わないのか、カエルの餌は生きた虫だからである。そのことを話すと子どもたちも理解した。毎日子どもたちから届く観察記録は身近で見ているからわかる特徴の変化が現れていた（図7-5）。

　一定飼育・観察してきたところで、「リリース」することが必要だと思われる時期が来る。その「リリース」することについては子どもたちの中で賛否

様々な意見があるが、私はほとんどの動物について、捕まえたところへ逃がしに行くという方法を子どもたちに提案してきた。カマキリの卵を見つけて教室で飼ったことがある。泡で固まったカマキリの卵を見つけて大きめの飼育ケースに入れておいた。しばらくすると孵化が始まった。そのとき、子どもたちが職員室に飛び込んできて「先生カマキリの赤ちゃんがいっぱい」と興奮して教えてくれた。そのおびただしい数のカマキリの赤ちゃんに子どもたちはびっくりしていた。カマキリを成虫まで飼い「卵を産ませたい」と言っていた子も逃がすことに賛成した。餌の確保が不可能だということを実感したのだ。さっそく卵を見つけた草原まで逃がしに行った。

"獲り"に行く"探し"に行くということをした"動物"を飼うことで、子どもたちがより主体的に関わる姿が多かった。主体的に関わればその変化が常に教室の中で共有することができる。変態する場面など、小さな変化も教室の中で常に話題になっていた。

最後まで飼わないで逃がすという方法は低学年の子どもの"仕事"量からもいい方法だと感じたし、教室に四季が持ち込まれる一つの方法につながっていた。

（5）水槽を使って「動物」を飼う

魚やザリガニなどの水生動物を水槽で飼った。ろ過機やエアーポンプを揃えることで低学年の子どもでも安定して飼育することができた。少々、お金はかかるが、教室での飼育はしやすかった。水槽で水生動物を飼育したとき、土日の休日の餌やりは省略する日もあったが、1年間元気に生きていた。

また、一定の大きさがある水槽ではメダカやドジョウ、ヤゴやタガメなどの複数の動物を飼育することができた。これも水槽で動物を飼育する魅力の一つになった。家から持ち

図7-6　ヤゴの羽化を観察する

込まれたメダカと休みの日おじいちゃんの田んぼの手伝いに行ってつかまえたドジョウと，プールにいたヤゴを飼育することもできた（図7-6）。複数の動物を飼育するためには水槽の中をどうつくっていくのかということも学習することができる。水槽の底に引く砂はどんな砂か？　水草は必要か？　水面から出る部分は必要か？　など考え合った。低学年の子どもたちのアイデアも取り入れながら水槽の環境をつくることは，ビオトープとまではいかなかったが，水生動物が生きる自然環境を考えるきっかけになっていた。

（6）「大型動物」の飼育に挑戦する

　私がいま勤めている小学校では，3年生を中心に「大型動物」を飼育している。いままで飼った動物は，牛・山羊・羊・ウサギ・ニワトリ・チャボ・ウコッケイである。5年生では豚も飼ったことがある。それぞれ，牧場やペットショップから購入してきた。牛を除いて最期まで飼育している。

　哺乳類などの「大型動物」は，そのライフサイクルの長さから低学年の子どもたちが「教室」を単位として飼育することは難しいと感じる。また，その世話の仕事量は子どもの手に余るものもある。

　それでも，私はいままで1・2年生の教室で，ニワトリ・チャボ・ウズラ・ウサギ・リス・モルモットなどを工夫しながら飼育している。「大型動物」やライフサイクルの長い生物，「リリース」の難しい生物の飼育では，やはり日常の世話をどうするかが最大の難題になる。とくに休日は子どもたちでの当番が成立する学年はよいが，それがかなわないと，教師が餌やりや糞尿などの処理などの掃除をすることになってしまう。また，クラス替えや担任の交代などの問題も大きな難題になる。

　私は1年生のときにリスやウズラを飼ったことがある。そのときは，「ゲージで飼う」ということでこの2つの難題を乗り切ることができた。夏休みなどの長期休みは当番表をつくって可能な子どもの家庭にゲージごとお願いした。リスは温度管理がとても難しい。教室の温度変化では冬場は冬眠してしまうこともあり，最後は購入したペットショップに引き取ってもらった。ウズラは大

きめのゲージを改良して飼った。卵を産んでくれたので，それが子どもたちが飼育する意欲を育て原動力になっていた。

「大型動物」を教室を単位に飼育することは容易なことではない。小屋の設置や臭い，糞尿の処理，病気対策などにも気を配らなければならないからである。学校全体だけでなく，近年は近隣の理解と合意づくりがポイントとなる。また，獣医や家畜保健所など相談できる専門家との関係をつくっておくことも大切になる。

4　動物の飼育に積極的な教師になっていくために

(1) 近年の教育系学生の実態

鎌倉の調査によれば，幼少期には昆虫を83％，水生生物を70％の学生が追い回していたが，いまでは逆転して昆虫で72％，水生生物で62％が嫌悪感を示している（鎌倉，2016）。

その理由をみてみると，1つ目に「自然と受け付けなくなった」「気づいたら無理になっていた」「だんだん気持ち悪いと思うようになった」という，動物への見方に対する心理的変化が原因になっている。

2つ目には，恐怖体験が影響している。「急に飛んできた」「かまれた」「変な液が出てきた」などの体験を理由にあげている。

3つ目には，様々な知識が加わったことによる。「害虫だとわかったから」「親に怖いものと聞かされたから」「授業で虫の顔をアップにされて細かいところまで見てしまったから」などをあげている。

4つ目は，動物の死に遭遇したからである。大事に飼育していた動物が死んでしまった場面に遭遇しただけでなく，中には「友達がバッタをちぎったのを見て」だとか「道路に死んでいる動物を見て」をあげている学生もいる。

総じていえることは，動物と触れ合う機会の減少が大きい。ファッションを気にするようになると，自然に触れる志向が失われる傾向がある。動物への嫌悪感も社会環境や成長に伴うライフスタイルの変化に少なからず影響を受けて

いるといえる。

（2）動物と触れ合う機会をつくる

こうした教育系学生がそのまま現場に行くとしたらどうなるだろうか。そのことを危惧しなくてはならない。そうはいっても、いかに仕事のためとはいえ、苦手なものを急に好きになれというのは酷な話である。

図7-7　生活科の講義の中でハムスターに触れてみる

そこで、近年大学においても動物と触れ合う機会を意図的に設けているところもある。大学の一角に動物飼育コーナーを置いていつでも観察できるようにし、その管理も可能な学生が協力して行っている。また、授業に持ち込める動物であれば持ち込んで、幼少期以来久しぶりになる学生もいるが、飼育ケースに入れた状態で怖がらずに間近で見てみたり、小動物を手の平に乗せてその感触を楽しんでみたりして、触れ合ってみるのである（図7-7）。そのことで、久しぶりに出会ったときには怖がっていた学生が改めて動物と触れ合う楽しさを呼び起こすケースもみられる。授業の一環等で、動物園や昆虫園、水族館などに行ってみる取組みも、条件のあるところでは可能であろう。

いずれにしても、教師が動物に嫌悪感をもっていたら、飼育観察活動には消極的にならざるを得ないであろう。そうなると、動物と関わる体験が家庭も含めて少ない現代では、ますます動物に親しみがもてないまま大人になっていくことになるであろう。これでは動物嫌悪の悪循環にならざるを得ない。

第1節にあるとおり、ペットとしてではなく、現代環境の中でともに生き、自然の恵みを残し、人間の体をもつくる栄養源となっている大事な動物たちである。そうした観点で、改めて教育系学生の皆さんには、現場に立つ前に少しでも動物への関心を高めていってほしいと願う。

引用・参考文献
鎌倉博（2016）「教員・保育者を目指す現代の学生の動物に関する意識調査の試み」『名古屋芸術大学教職センター紀要』第4号，227～246頁。

---学習の課題---

(1) 人間の暮らしや自然環境の変化と動物たちの生息実態や人間との関わりの変化について調べ深めてみよう。
(2) 学校現場では実際にどのような動物が生活科や理科で扱われているのか，そして学級・学校活動の中で実際にどのような動物がどのようにして飼育されているのか調べてみよう。
(3) 教育系学生が現場で動物と関わる学習活動を積極的に展開できるように，飼育施設のみならず自然に生息する動物たちに意識的に目を向け，可能ならば触れていく体験を積んでみよう。

【さらに学びたい人のための図書】
行田稔彦・下鳥孝編著（1999）『おどろき・はっけん生活べんきょう』旬報社。
行田稔彦・園田洋一編著（1999）『はじめての総合学習』旬報社。
　　⇨上の書籍では昆虫や水生生物，下の書籍では1万頭のカイコの生き生きとした飼育活動実践が紹介されている。
子どもの遊びと手の労働研究会編（1993）『食べ物をつくろう　動物を育てよう』ミネルヴァ書房。
　　⇨カブトムシと水生生物の他，モルモット，ウサギ，チャボ，ヤギの飼育例が紹介されている。
三石初雄・大森亨編（1998）『出会った生きもの　育てた生きもの』旬報社。
　　⇨自然に生きる動物たちの観察に挑んだ実践記録がとても魅力的である。

（成田　寛）

第8章 地域探索活動
——自分が住む町の魅力発見

この章で学ぶこと

家庭，学校とともに子どもが育つ環境として大きな存在が「地域」である。その「地域」を改めてみつめてみると，家庭や学校にない「モノ・コト・ヒト」が存在する。その一つひとつに教育的な価値を見出し，子どもたちとともに触れ，そこでの関心の高まりからいっそう「地域」に関心を寄せていくことが，今日とりわけ大事である。そこで，この章では，「地域」のもつ教育的意義，その「地域」を活かした学習活動例，校外での活動ゆえの丁寧な計画と準備・安全対策，「地域」の学習の発展的なまとめ方について学んでいく。

1　学習の宝庫「地域」

(1) 子どもが育つ「地域」

「子どもが育つ」場として，一つには家庭があり，もう一つに学校がある。しかし，その子どもたちは家を出た瞬間に学校に辿りついているわけではない。通学の合間では当然「地域」を通過する。その地域を鳥瞰にすれば，実は広大な「地域」の中に家庭と学校があることに気づくだろう。よって，その家庭と学校もまた「地域」に影響されるし，「地域」そのものからも子どもたちは様々な影響を受けているのである。すなわち「地域」は「子どもが育つ」第三の重要なフィールドなのである。

ところが幼児期は，通園バスや保護者の運転車に乗ってか，保護者に手を引かれてかで，家庭と園とを往復していた。よって，眺めてはいてもよほど「地域」の存在を意識した保護者のもとでなければ，幼児が「地域」の存在を意識

できることはない。しかし，小学校に通うようになると，基本的に子どもたちだけで通学・帰宅することになる。入学当初こそ「寄り道してはいけません」という指導に素直に応えるが，1年生も2学期くらいになると，厳格な子から「先生，○○君が寄り道していました」という報告が届くようになる。しかし，この「寄り道」にこそ，子どもたちが家庭にも学校にもない，第三の「自分が育つ場」として「地域」を意識した証がある。子どもたちの「寄り道」にそのような意味を見出せるのかが，教師が「地域探索活動」を楽しめるのかの第一通過点であると考えている。

（2）「地域」の魅力

　家庭は，その家庭を構成する家族の趣向によって形成されている。経済力の影響が否めないが，玩具や本，ペットやガーデニングなど，その家族の趣向で様々なものが置かれ活用されている。学校では，学校教育計画に基づき，用途に応じた教室や施設等が配置され，少しなりとも豊富になるようにと教具・教材を整え配置している。家庭にしろ学校にしろ，構成員による人為的な整備環境の中でそれらを活用して子どもたちを育てていく。
　一方「地域」はどうであろう。囲われた空間である家庭や学校とは違って，「地域」には囲いがない。どこからどこまでを「地域」と呼ぶかですら当然定義できない。だから，関われば関わるほどにその魅力や面白さを発見し，さらなるそれを求めていこうとしたくなる。それが「地域」というものである。たとえば，遊具のある公園や身近な生き物が戯れているような草地や水辺，大輪の花火や出店が楽しめるお祭，ついつい目を留めてしまう商品やその商品を作り出す匠の技などの，目を留めずにいられない面白さや魅力があるだろう。
　その「地域」には子どもたちも，様々な人々も同じ空間に生きている。町中を普通に歩いていても，その場で遊んでいただけでも，様々な出会いがある。その中で挨拶を交わし合ったり，一緒に遊びやイベントを楽しんだりする中で，学校で出会う以上の年長者に育てられもするし，逆にもっと下の子の面倒をみて育てていくこともある。こうして，社会的なコミュニケーション能力も養わ

れていく。

　生活科で地域の「場所」「モノ」「ヒト」に目を向け，尋ねて関わり，関心を深めて調べてまとめ伝えていくという一連の学習が重視されてきた背景には，こうした家庭，学校にない「子どもが育つ地域」の働きに気づかせようというねらいがある。

（3）地域にある魅力的な場所

　教師の教材研究は教科書分析や様々な教育書に学ぶだけではない。地域社会を題材にする社会科や総合的な学習とともに，この生活科では，とりわけ「フィールドワーク」という教材研究がとても大事である。「フィールドワーク」とは実地調査，すなわち実際に出向いて調べる方法である。

　さっそく，勤務する学校を取り囲む地域をフィールドワークしてみよう。小学校低学年児ならばどんな場所にまず目を留めるだろう。

　1つ目は「お店」である。近年は，コンビニの他，スーパー，ドラッグストア，家電量販店，ホームセンターなどの大型店舗が地域にも進出するようになったが，町を歩けばまだまだ飲食販売店や食堂，物品販売店，衛生美容店などの個人商店，またはそれらが集まった商店街がある。

　2つ目には「公共施設」または「公共的施設」である。たとえば，教育文化施設，医療施設，官庁施設，警護・緊急時施設，交通施設がある。

　3つ目には「生産場所」である。自然物栽培所は，保養施設や自然環境そのままの場所とともに「憩いの場所」ともなっている。また，伝統の匠の技を未来に残そうと試みているような家内製造所や小さな町工場もある。

　この他にも，小学校低学年期の子どもたちならば，「お友達の家」「特徴のあるつくりの家」「可愛いペットのいる家」なども目に留めることであろう。

　生活科で地域探索する場所は気まぐれであってはならない。こうした無数に存在する場所から小学校低学年児にとって「行くことで価値ある場所」を選んで行くことが大切である。ちなみに，最近の教科書では，災害時の緊急対応力を小学校低学年期から育成しようと，生活科の教科書で意図的に「災害時避難

場所」を取り上げている。

(4) 地域に存在する魅力的な人

　小学校低学年期の子どもたちの中には,「それ,なんですか？」「いま,何をしているの？」と素直に尋ねることのできる子たちがいる。その子たちが声をかけたくなる人を観察していると,小学校低学年期の子どもたちにとって「魅力的な人」が見えてくる。

　まずは,たくさんの商品に目移りさせながら,「これってなんですか？」と声をかけたくなるのが「店員さん」である。親切で子ども大好きな店員さんならば,その質問に応えて,どんな商品かを説明してくれる。

　また,「つくっている人」にも関心が向けられる。つくっているものは,食事や食品もあれば,生活用品やアクセサリー,田畑の作物,道路や建物など様々である。要は,そのつくる様子とその技の巧みさに目を留めるのであろう。だから,「何（材料・道具）でつくっているの？」「どうしたら上手にできるの？」と聞きたくなるのである。製造に神経をとがらせていると厄介者とされてしまうが,心持ちに余裕がある方ならば関心をもってくれたことがうれしくて話を返してくれるだろう。

　この他にも自分たちの「生活の安全を見守る人」にもよく声をかけている。さらに,自宅に商品を届けにくる「配達員」,近所で「優しくしてくれる住人」などにもよく声をかけている。自分たちの生活に直結している人には親しみを感じて,話しかけたくなるのであろう。

　一方で,子どもたちのみならず,地域住民にさえも知られていない,「隠れた存在」もいるものである。教師が意識的に地域をフィールドワークしてみると,たとえばコマ回しや趣味で竹細工玩具をつくる「名人」,子どもたちが飛びつくような貴重な蝶の「コレクター」などと出会うものである。

　地域探索活動においては,こうした子どもたちにとって「魅力的な人」の中から,とくに「いまこの人に出会わせたい」という人と子どもたちの出会いをつくりたい。そして,その人が仕事したり活動したりしている様子と一緒に,

そこに込められている思いや工夫，困りごとなど五感のすべてを働かせて受け止めていけるようにしたい。

(5) 地域に存在する生活と文化

それぞれの地域には，少なからず「その町」を象徴する生活や文化があるものである。

いま私が住む北名古屋市は市を代表する樹木として「イチジク」をあげている。確かに町を歩いてみると，イチジクの樹があちこちで見られる。スーパーの青果コーナーには大きなイチジクの実，洋菓子店ではイチジクを使ったケーキやお菓子，近年は「いちじく酵母」も売り出されて評判になっているようである。こうなると，北名古屋市は「イチジクの町」と呼べそうである。

地方の町はいま，それぞれの地域の特色をアピールして町興ししようと意気盛んである。そうなると，それぞれの小学校区でも，地域情報をヒントにすれば特色ある生活や文化がみえてくる。

地域によっては，季節のイベントを大事にしているところもあるだろう。私がかつて勤めていた東京都世田谷区では，秋の「奉納相撲」（宮坂世田谷八幡宮）や冬の風物詩としての「ボロ市」（上町）が活況を見せている。埼玉県の秩父市の「子ども歌舞伎」も有名である。これらの伝統的な地域イベントには，現代においては観光収入獲得の目的も外せないであろうが，発祥当時の庶民の思いや願いも引き継がれている。

生活科で「地域」に着目するさらなる目的には，こうして地域に残されている，あるいはこれからも残していきたいと考える，地元住民の願いと思いが表現されている生活や文化に触れさせて，継承していくこともある。

2　地域探索活動の計画と準備

(1) 地域探索活動の計画

新学習指導要領の生活科の内容の取扱いでは，「校外での活動を積極的に取

り入れること」とある。生活科ならではの学習の特色の一つとして，大いに地域活動を組んでいくことが求められている。

　一方で，学校教育活動において地域活動を組む際には，安全第一・事故予防を忘れてはならない。そのためにもしっかりとした無理のない計画を，複数の目を通しながらつくっていくことが大切である。

　計画をつくる際には，①何を目的にするのか，②そのためにどこへ行くのか，をまず明らかにする必要がある。そのためにも事前に，主たる目的地，そこまでの学校との往復の経路を下見することが肝心である。下見においては，目的地までの経路と移動時間，危険個所がないか（危険個所があった場合はコース変更を考えるなどの安全対策が必要），目的地での活動のイメージと当日必要となる滞在時間，当日必要とする教員と子どもの持ち物，緊急時避難場所を確かめてくることが大切である。また，必要に応じて，目的地の所有者への活動の了解，学習協力者への依頼と打合せも必要となる。

（2）地域探索活動までの準備

　次に，一連の「学習計画書」をつくる必要がある。そこでは，地域探索活動を挟んで，どのような事前学習や準備が必要か，地域探索活動で得てきたことをどのようにまとめ発展させていくのかまで踏まえておく。すなわち「単元学習プラン」である。

　次は，実際に校外活動として地域活動をするための「校外活動計画書」を作成する。ここで大切なのは，目的，活動と移動に無理のない行程，往復の経路などとともに，引率体制を明記しておくことが大切である。校外活動では，最低でも「3人の大人の目」が必要である。「3人」の根拠は，先導と最後尾とともに，フリーで動ける大人も必要となるからである。2学級での取組みとなればその倍の人数が必要となる。本来安全義務は学校にあるので教員でその体制を取らなくてはいけないが，現実的には難しいので，多くの学校では保護者に協力を願っている。その「校外活動計画書」は，最終的には学校長に提出して了解を取る。

そうしてさらに，保護者や子どもたちにも「文書で通知」しておくことが大切である。子どもたちは，たとえば「しおり」として渡される文書を見て，地域に出て学習して来ることのねらいと必要な道具，活動の見通し，目的地およびそれまでの経路での約束事などが理解できる。もちろん一つひとつ丁寧に口頭でも確認していく必要がある。そしてその内容は保護者にも，「学級通信」「学年通信」等で同様にして伝え，とくに家庭で準備してきてほしいものを確実に持たせることができるようにする。

（3）地域探索活動後のまとめのイメージ

　地域活動を取り入れた学習を計画する際に，まとめ方をしっかりイメージしておくことが大切である。そうしないと「楽しい散歩」で終わりかねないからである。また，そのまとめ方の見通しによって地域探索活動で用意していくものも違ってくるからである。
　とりわけ「どのような表現方法でまとめるか」が決定的である。たとえば，次のようなまとめ方がある。

---

① 取材したことを一時的にメモして活動後に「カード」「新聞」「絵本」「紙芝居」にしてまとめていく
② 撮影してきた画像から選んだものを使って活動後に「活動アルバム」としてまとめていく
③ 活動で採ってきた虫を教室で飼育したり花や草をパウチして「しおり」にしたりする
④ 見てきたお店や名所の絵をその場で描いて活動後に大型地図上に貼っていく

（4）地域活動前の学習

　地域活動前の学習では，①ねらいと活動のイメージ，②行く前に確認しておきたい約束事やマナー，③事前に用意しておくもの，をしっかり子どもが把握できているようにすることが大切である。
　ねらいと活動のイメージでは，子どもたちが「行きたい！」「やってきたい！」と思えるような内容を用意しておく必要がある。生活科における地域活

動では，たとえば，町を観察する（どこに何があるのか，どんな人がいるのか，自分の町の自慢見つけなど），体験する（田植えや稲刈り，虫・水辺の生き物採り，草花や実の採集など），利用する（公共施設の中を見学する，図書館で本を見る，公園で遊ぶなど），取材する（インタビューする，公共施設の利用の仕方など），記録する（文で書いて，スケッチして，撮影してなど），という活動がよくみられる。どんな場所に行き，そこでどのような活動をしてくるのかが，子どもたちにしっかりイメージできるようにする。現地学習で発見する楽しみを奪わない程度に，そのイメージがどの子にももてるように映像で見せておくことも一つの方法である。

　約束事とマナーでは，「道路の右側を2列で歩く」などの交通安全上の約束，「大きな声を出さない」「私有地のものを採らない」など住民に迷惑をかけないための約束，「進んで挨拶する」「お話を伺うときには静かに聞く」などの学習上のマナーの他にも，場所によっては「こんな虫や植物には触らない」などの危険生物も確認しておく必要がある。

　最後に持ち物では，自然探索を主な目的とするならば採集用の網・カゴ，図鑑など，社会探索を主たる目的とするならばバインダー，筆記具などを用意させる。また，季節や気象にもよるが，雨具や熱中症対策としての帽子や水筒といったものも必要となる。

（5）実施の判断

　校外活動においては，帰り着くまで安全対策を怠ってはならない。とくに当日の実施の判断が重要である。事前に気象情報，地域情報を入手しておく。実施していても，急な天候の変化の兆候が見られたときには，学校に引き返す，安全な場所に一時避難させるなどの措置をとることも即座に判断できるようでなくてはならない。

　なお，実施する際には，緊急時連絡用に携帯電話（学校，最寄りの救急医療機関，避難場所などを登録しておく），緊急時保護者連絡先名簿，応急手当用バッグ，緊急時情報が入手できるポケットラジオなどを，教員は必ず携行するようにしている。

③ 実際の地域探索活動例

（1）地域の自然に触れる地域探索活動

　行く先は，あれば学校周辺の草地や水辺，なければ交通機関の乗り方を学ぶ目的も加えて自然公園等に出かけたい。自然探索活動に行くことをあらかじめ伝えて持ち物を一緒に考える。もちろん目的地の様子によって異なる。草地であると昆虫網，虫カゴ，ビニール袋，水辺であれば小魚網，簡易竿一式，プラスチック水槽で各自用意できるものを持ってくる。詳しく調べたい子は虫眼鏡やポケット図鑑なども用意してくる。現地に着けば，基本的に活動範囲とグループ行動とを約束して，自由に活動する。引率する大人は，これ以上行ってはならない範囲で点在してもらい，子どもたちの安全を確保しつつ，一緒に自然を楽しんでもらう。

　草地では，野花を摘んだり，木の実を集めたりする。野花は花束のようにして集める子もいれば，中には冠編みをしたり，タンポポの茎を割いて指輪にしたりする子もいる。タンポポの綿毛を採って綿毛飛ばしをする子，草笛に挑戦する子もいる。また，草むらに隠れるダンゴムシや甲虫を集める子，春夏はチョウやセミの仲間，秋になればバッタ・コオロギ・トンボの仲間を追い回す子もいる。採った獲物を虫眼鏡で覗き込んで特徴を確認し，図鑑で特定しようとする子もいる。

　田んぼ周りや小さな用水路周りでは，水辺のカエル，水路を泳ぐ小魚，泥に潜むザリガニやドジョウの仲間を追い回す。

　遠足で出かける丘陵地にある自然公園では，坂の上り下りを楽しむ子もいる。草むらに隠れてかくれんぼを始める子もいる。林の中にはある程度まで登れるような枝張りの樹もある。学校では叱られてしまいそうだが，ここでは安全さえ確認できれば基本的に OK である。自然公園の雑木林は消毒されていないので桑の実を頬張る子がいても OK である。

　早くにこの計画を伝えておくと，父親も仕事を休んで参加してくれることも

ある。こうした父親は幼少期に夢中で生き物を追い回した経験をもっていて，その楽しさを十分知っている。だから，子どもと一緒に，あるいは率先して生き物採りに参加してくれる。そうして，低学年期の子どもが掬いあげられないコイを捕獲して，子どもたちから「すごい！」と注目を浴びて，ますますこうした活動への参加に意欲をみせてくれる。

　こうして得たものは，飼育・観察活動に生かしたり，採ってきた実などで工作活動したりして，さらなる生活科の学習に活かしていける。

（2）町の「名所」や風物に触れる地域探索活動

　「観光スポット」とはいえないが，地域住民の「憩いの場所」「集いの場所」となっている町のスポットがないだろうか。

　私が勤めていた学校があった東京都世田谷区経堂の南側に「馬事公苑」がある。ここへは低学年2年間で何度か子どもたちと通った。そこでは，草花や樹木，昆虫を通して四季を楽しめるとともに，競技用馬の育成場であるために，馬が疾走する様子の他，障害物を飛び越えたり，休んで草を食んでいたりする様子も間近で見られる。自然を満喫できる「名所」である。その学校南地帯へもう少し足を運べば，子どもたちが小麦や大根を毎年栽培させてもらっていた農家の畑地帯もある。

　東側地帯を散策することもあった。そこには「世田谷八幡宮」がある。神聖にして大事に管理されている樹木や池があることから，とくにそこのコイが人気者であった。また，ここは祭礼の際に江戸時代からの伝統で「奉納相撲」を行っている。その土俵で誰かれとなく相撲を始め，しまいには私対何人もの子どもたちで相撲をとることになる。3年生になると，世田谷の住宅地を縦走する「ちんちん電車」の踏切を抜けて，その先の「招き猫」で有名な「豪徳寺」，年末の風物詩「ボロ市」通りや「代官屋敷」，さらに歩き進めば吉田松陰ゆかりの「松陰神社」にも足を運ぶ。

　北側の駅へと伸びる商店街は，毎日通う子も多い道で，しかもパンづくりで見学させてもらっているパン屋さんもある。人懐こい子どもたちはあちこちの

店に関心を示して,「何をつくっているの？」「これ何ですか？」などと,探求心旺盛に質問する。そこで,様々な作物を目の前で見せてもらったり,巧みな技で商品をつくる様子を見せてもらったりして,興味と見聞を広げていく。

そんな町をみんなで歩きながら,町を歩く楽しみを味わわせたい。そのことは,3年生以降の社会科でさらに地域の様子や特色を調べていく意欲への土台とイメージを形成していくことになる。

（3）地域のすてきな人に出会いに行く地域探索活動

地域には,意外に知られていない素敵な人々が存在している。

2年生で「町の様子を探検してみよう」と歩いていたら,一般公開されているお屋敷の池で70代くらいの地域の方と出会った。「生き物が大好きだ」というその方は「昆虫のコレクションをしているから,今度見せてあげようね」と言ってくださったので,念のため私の名刺をその場でお渡しした。するとその数日後,標本箱を抱えて学校を訪ねてくださった。この方は小さい頃からチョウ好きで,少年時代のあるときからチョウを捕まえては標本にすることを始め,社会人になってからも国内外を旅行するたびに新たな種類のチョウを集めて,コレクションしてきたそうだ。「よかったら子どもたちに見せてあげましょう」ということで,数日後特別ゲストとして教室にお招きして見せていただいた。子どもたちの目が釘付けになったのはいうまでもない。

私が勤めていた学校では,毎年2年生になると生活科で,栽培した小麦粉も使ってパンづくりに挑戦している。しかし調理に慣れているわけではない。そこで,レシピを参考に悪戦苦闘してつくってはみるが,なかなかパン屋さんのようなパンにはならない。毎年初めての手づくりパンは「パン」というより「クッキー」である。レシピにある材料で,レシピにあるようなつくり方をするのに,「なぜふくらまないのだろう？」と考える。それならば「パン屋さんに教えてもらいに行こう！」と提案する。そこで,毎年子どもたちがお世話になっているパン屋「ダズンフォー」へ子どもたちを連れていく。そうして,目の前で発酵させるまでの材料の混ぜ合わせからこねて1つの生地にまとめ上げ

るまでの技と，発酵した生地を手で成型していくところの技を見せてもらい，ふっくらしたパンのつくり方を手ほどきしていただく。年々準備も整えてくださり，いまではあらかじめ発酵してふくらんだ状態のパンも用意して置いたり，講習終了間際に焼きが完了するように焼き入れしたり（講習料として1人100円でパンのお土産つき）してくださっている。このパン屋さんに教えていただいた知恵と技を生かして，いよいよふっくらしたパンがつくれるようになっていく。多くの子が通学で通う道にあるパン屋さんなので，個人的に聞きに寄る子もいる。

（4）地域の伝承文化に触れていく

　地域によっては「伝承文化」を意識的に残しているところがある。私が赴任していた学校では，日本の民族舞踊を大事に踊り継いでいる。1年生は北海道アイヌ古式舞踊，2年生は青森県今別あらうま踊り，3年生は宮城県桃生はね娘踊り，4年生は岩手県岩泉小本七頭舞，5年生は岩手県大森みかぐら踊り，6年生は沖縄県園田エイサー踊りを踊っている。赴任校は東京都世田谷区であったから，本来の「地域伝承文化」にはならないが，「日本の伝承文化」として大事に踊り継いでいる。

　このことからいえば，いま取り上げた各地域では，それが「地域伝承文化」として踊り継がれているはずである。ところが，「おたくの学校の子は地元の子の踊りより上手」とよく言われる。それだけ，それぞれの地元では十分伝承されていない，それを教える指導者がいない，時間がとれないということなのであろう。こうしたことから，生活科や総合的な学習の時間では，もっとこうした「地域伝承文化」を大事に扱っていくべきではないだろうか。なぜならば，そうした踊りには，踊り発祥当時のその地域の生活状況，願いや思い，巧みな表現が息づいているからである。

　踊りに限ったことではない。モノづくりの匠の技，地元の言葉，地元の民話など「地域伝承文化」に限られたジャンルなどない。こうしたものが地域に眠っていないか，アンテナを広げ伸ばしてキャッチし，そこに子どもたちと関

心を向けて再興し，大事にその地域に根づいて残していけるようにすることは，生活科と総合的な学習の時間の大事な役割であると考える。

4 地域活動のまとめ

(1) 学習成果の記録化

まずは学習成果を記録化しておくことが大切である。学習成果の記録化は，学習の成果を保存・保管し今後に活かすためであると同時に，その子・グループ・クラスの学習の軌跡の記録になるからである。学習の記録化に当たっては，以下をはっきりさせて取り組むことが必要である。

> ① まとめる単位は個人でするか，グループでするか，クラスでするのか
> ② まとめて終わりとするか，誰かに伝えるまで発展させるのか

個人のまとめとするならば，「カード」「新聞」「絵本」としてまとめていくことが一般的である。近年はデジタルカメラを子どもたちに使用できるようにしているところも増えてきているので，その画像を活用することもできる。しかし，低学年期の子どもたちには，「描いて表現する力」の育成も大事である。拙く見える表現であっても，子ども自身に描かせることの方が意味は大きい。また，自然物を取り入れた作品づくりで学習成果を残すこともできる。

グループで記録する場合には，一般的にはグループ間の交流を前提にしている場合が多い。そうなると，見せたり聞かせたりする効果を考慮に入れなくてはならなくなる。そうなると，「新聞」「紙芝居」でまとめることが多い。その場合，やや大きめの字で書く，色使いなど，発表効果を意識したまとめ方を意識させていくことも大事な教育である。

クラスでのまとめとしては「大型絵地図」づくりがよく行われている。自分の印象に残った「名所」を小さな画用紙カードに描いて，それを地図上の場所に当てはめて貼っていく。

(2) 学習成果の発信

　学習成果を記録化したならば，今度はそれを発信する学び方を積ませておきたい。発信は，主に「実物を展示して発信する」ものと，「言語を使って発信する」ものの2つに大別される。

　「実物を展示して発信する」形式の1つ目は，「カード」「新聞」「自然物でつくった表現」「風景スケッチ」「風景写真」等を掲示して見合う形での発信である。2つ目は，採ってきた自然物を「観察・飼育」できるようにしてであったり，「自然物での立体的な工作」をしたものの作品であったりを展示して見合う形での発信である。

　また，「言語を使って発信する」形式の1つ目は，「カード」「新聞」「紙芝居」を読んでの発信である。2つ目は，働く人の様子などを「ペープサート」「劇」で紹介したりするように，演技を加えての発信である。楽しい発信の仕方として「クイズ問答」を入れる工夫もみられる。

　とりわけ，自分または自分たちの学習成果を，クラスや様々なゲスト（学年・全校児童，保護者，お世話になった方々など）に発表していく場合には，記録したものの準備とともに，発表の仕方の学習と練習も必要になる。とくにみんなの前で声を発することが苦手な子が発表する場合やグループで発表する場合には，丁寧な打合せが必要になる。一連の学習計画を立てる際には，そのことも踏まえておく必要がある。

(3) 終わりのない地域学習

　「地域」を題材にした学習には本来「終わり」はないと考えている。なぜならば，広大な「地域」の大地には，無限に学習題材たりうる「モノ・コト・ヒト」が存在しているからである。よって，一連の計画で「地域探索活動」をする場合，少なくとも2回，できればそれ以上に「地域探索活動」を入れていくことが大切である。

　なぜならば，1回目の「地域探索活動」で，「こういうモノ・コト・ヒトに出合えるのか」「こういう活動ができるのか」ということがわかったり，「こん

なものを用意してくればよかったな」と気づいたりするからである。一般的にここに留まってしまう実践を多くみかけるが，それではせっかくの関心も途切れてしまうし，もっと「地域」を探究したい意欲も奪ってしまう結果になる。

そこで，「1回目の地域探索活動で見たり感じたり発見したりしたこと」を紹介し合う。そして，「気になったこと」「もっとやってみたいこと」などをしっかり話し合い，「もっと詳しく調べてみよう」と次へつないでいくのである。いっそうの準備を整えてもう1度同じ場所に行ってみたり，関連させて違った場所に行ってみたりするのもよい。大事なことは，せっかくの「地域」への関心の高まりを切らさないことである。

H君は，「地域探索活動」で，学区をゆっくり一周してきたとき，さかんにクラスの子たちが「あっ，ここぼくの家だよ」「あそこ私の家のマンションだよ」と教えてくれるのを耳に止めていたのだろう。しばらく経って，「せんせい，これつくってきたよ」と持ってきたのは，なんと学級38人（当時）全員のお家の箇所を書き込んできた手書きの町地図だった。お父さんとお休みの日に一緒に町探検して来て，そのときのメモと記憶をお母さんと一緒につくった町地図の上に書き入れたのである。

また，「地域探索活動」で見つけた駄菓子屋さんに興味をもった子が，おうちの人と一緒に地域の駄菓子屋さん探しをしたり，夏休みに駄菓子をつくる町工場に入ったりもした。同じく町探検で見つけた銭湯に関心をもって，町の銭湯探しをしたり，「銭湯のおばちゃん」から話を聞いてきたりする子もいた（この段落の事例は3年生でのものだが，2年生でもありうる姿である）。

このように，「地域」学習に終わりはない。むしろ探求し続ける子どもたちにいかに育てていくのかが大切である。「地域探索活動」の広がりを大いに進めていくには，どうしても事前の保護者理解も必要である。保護者の学習理解を常日頃から得ておくこと，可能ならば学級・学年通信等でも学習の様子を小まめに伝えていくことが大切である。

引用・参考文献

生活科教科書
- 片上宗二ほか（2015）「みんなとまなぶ　しょうがっこう　せいかつ」上・下，学校図書。
- 加藤明ほか（2015）「あたらしい　せいかつ」「新しい生活」東京書籍。
- 滝沢武久ほか（2015）「たのしい　せいかつ」上・下，大日本図書。
- 寺尾慎一ほか（2015）「わくわく　せいかつ」「いきいき　せいかつ」啓林館。
- 村上雅弘監修（2015）「わたしと　せいかつ」上・下，日本文教出版。
- 森隆夫ほか（2015）「せいかつ　みんな　だいすき」「せいかつ　みんな　ともだち」光村図書。
- 養老孟司ほか（2015）「せいかつ　みんな　なかよし」「せいかつ　なかよし　ひろがれ」教育出版。
- 若林学編集代表（2016）「せいかつ　あおぞら」「せいかつ　そよかぜ」信州教育出版社。

学習の課題

(1) 自分で実際に「地域」を探索してみたり，様々な地域探索活動の実践例に触れたりする中で，「地域」を探検する教育的価値がどこにあるのかを，考え深めてみよう。
(2) 「地域」と関わり学びを深めていくために，教師はどのように地域探索活動を計画し準備する必要があるのか，改めてこの章を読んで確かめよう。
(3) 「地域探索活動」を散歩に終わらせないために，生活科としてのねらいが大切である。そのためにも探索活動後にどのように学習をまとめたり，発展させていったりさせるのかを，多様な地域探索活動の実践活動から学び取ろう。

【さらに学びたい人のための図書】

鎌倉博（2013）『きらめく小学生』合同出版。
　　⇨3年社会科の取組みではあるが，地域探検活動の面白みが具体的な実践例で紹介されている。
行田稔彦・鎌倉博編著（2000）『和光小学校の総合学習　はっけん・たんけん・やってみる』民衆社。
　　⇨「地域」を題材にした生活科・総合学習の実践例を通して「地域」の魅力を改めて感じさせられる。
行田稔彦・下鳥孝編著（1999）『おどろき・はっけん生活べんきょう』旬報社。
　　⇨「地域」と関わり学習の題材を発掘し学びを深めていく実践例に学ぶことの多い本である。

（鎌倉　博）

第9章 集団遊び
―― 楽しみ，知り合い，つながり合う

この章で学ぶこと

「集団遊び」は生活科の学習内容に該当していないように思われるが，子どもたちの実態から必要な学習活動と考えて本章で取り上げる。とりわけ入学したばかりの1年生においては，集団遊びの習得は園生活から円滑な移行につながるとともに，人間関係力が弱まっている現代において楽しく充実した学校生活を送る上でも欠かせないものと考えたからである。遊びを通してクラスの子ども一人ひとりを理解し，学級集団を自然に形成していくためにも大事な教育活動として，生活科にとどまらず位置づけたい。そこで，教師を目指す学生自身には，実際に集団遊びを体験してみながら具体的な遊びのやり方・ルール・指導の仕方・ねらいなどを学んでほしい。

1 生活科の中での集団遊び

(1) 子どもの生活と遊びの現状

子どもたちが「遊ばなくなった」と言われて久しい。親は自分の子どものことを話すとき，「うちの子は遊んでばっかりで」とよく言うが，それは「ちっとも学校の勉強をしない」と同じ意味である。子どもが本来の意味で「遊んでいる」と親が思っているとは考えにくい。

時代とともに子どもの遊び自体が変わってきたのは事実だろう。大人はもちろん，現在の大学生が子どもの頃と比べても，その変化は大きいといえる。社会の変化に大きく影響を受けて，子どもたちの成長に欠かすことのできない「3つの間」＝「時間」「空間」「仲間」が，子どもたちの生活から奪われている。子どもは「遊びたい」という生得的な要求をもっているが，遊ぶ条件を奪われている。

今日の子どもの遊びの特徴をまとめると，①忙しく遊ぶ暇がない，②相手も忙しく遊ぶ相手がいない，③商品化された「遊び」（ゲーム機など）に取り込まれて汗する遊びはしていない，④友達との関係性を築きながら集団で遊ぶことが極端に減っている，⑤遊ぶこと自体を嫌がったり集中できなかったりしている，といえそうである。
　そうした中で，自分の周りの世界への好奇心や，周りの友達への関心も薄らぎ，周りの世界や友達との関係性も取れなくなってきている。

（2）保育園・幼稚園とのつながり

　新小学校学習指導要領の生活科の「第2　各学年の目標及び内容　1　目標」には，「⑵　身近な人々，社会及び自然と触れ合ったり関わったりすることを通して，それらを工夫したり楽しんだりすることができ，活動のよさや大切さに気付き，自分たちの遊びや生活をよりよくするようにする」とある。また，「2　内容」には，「⑹　身近な自然を利用したり，身近にある物を使ったりするなどして遊ぶ活動を通して，遊びや遊びに使う物を工夫してつくることができ，その面白さや自然の不思議さに気付くとともに，みんなと楽しみながら遊びを創り出そうとする」と書かれている。
　これらの記述では，保育園・幼稚園時代とは大きく変化し，初めて「学校生活」に入る子どもたちのことが意識されている。さらには，新しい「学校生活」に大きな不安を抱く子が少なからず存在することや，集団に馴染めない子が増えてきていることなども考慮されていると考えられる。そういう点において，「集団遊び」の占める意義は小さくはない。

（3）集団遊びのもつ意義

　ここで改めて，集団遊びのもつ意義を考えてみよう。
　①　何よりもまず楽しいと感じられる生活づくりに役立つ。
　②　一緒に生活する仲間とともに生きる楽しさや喜びを子どもたちに感じ取らせることができる。

③ 遊びと遊び集団の運営を経験することにより，子ども自らが文化と自治を創造する力を獲得できるようになる。
④ 生活の技・生活の知恵として人と交わる技を身に付けさせ，子どもたちの社会性・民主性などを発達させることができる。
⑤ それらの活動を通して，集団の中に自分の居場所がみつけられたり，出番ができたりすることで，自己肯定感を育むことができる。

これらは「一人遊び」では獲得できないことである。"学校で"，しかも"集団で"行っていくことのもつ意味は計りしれない。

また，「学級づくり」という教師側の意義もある。本来遊びは，教師が子どもたちに「指導」するものではないし，「指導」しなくていいものである。しかし，集団遊びから疎外されてきている現代の子どもたちを目の前にしては，そうともいってはいられない。教師の「明るく楽しい学級集団にしていきたい」という願いも込めて，集団遊びに取り組んでいく意義を確かめよう。

改めてあげるとすると，集団遊びに取り組むことで，
① 子どもたち同士の関係性がより親密になっていく。
② 遊びの中で生じる各種のトラブルに際しては話し合いで解決していくという経験を積み重ねていくことで，民主主義や自治の力を獲得していく。
③ 集団遊びの時間を保障することで，クラスの子が遊びを通してクラスに自分の居場所や出番が感じられる学級になっていく。

よく教師は，「学級をまとめる」とか「まとまった学級をつくる」といういい方をする。だが，一度立ち止まって，その「まとめる」というのは「一体誰のためなのか？」を問い返してみたい。すべてではないが，往々にして，教師の学級運営の効率化のための「まとめる」「まとまった」になっていないだろうか。自分の思いや考えを表現できない子，関係性が希薄な子どもたちがいる実態があるとするならば，学級づくりの視点は「つながる」「つなげる」ということが大切になるのではないかと考える。「まとめる」より「つなげる」ことに心を砕くことのできる教師でありたい。集団遊びは，その点でも大きな意義をもっている。

2 個として気軽に参加し楽しめる集団遊び

（1）入学したての1年生と一緒に

　クラスの子どもたちと教師との距離を縮め，クラスに楽しい雰囲気をつくっていくことはとても大切である。とくに，入学して間もない1年生は，初めての小学校生活に緊張し少なからず不安を抱えている。その不安を，教師がリーダーとなって楽しい集団遊びを行う中で少しずつでも解消していきたい。また，授業場面とは違って，子どもたち一人ひとりの隠れた面も現れやすいのが集団遊びである。長所短所を含めて，子どもたちの性格をつかんでいくこともできるであろう。

　では，実際によく行われている集団遊びをいくつか紹介したい。

【ゲーム1】「船長さんの命令で」

〈ゲームのやり方〉
1) 全員が立つ。
2) リーダーが「船長さんの命令で」と最初につけたときだけ，その命令通りの動作をする。「船長さんの命令で」をつけていないときは命令をきかず動かない。
3) 間違えて動いてしまった子は座っていく。
4) 最後まで間違えずに残った子には全員で大きな拍手をして称える。

〈参考〉
※たとえば，「船長さんの命令で，右手を挙げて！」と言ったら，みんなは右手を挙げる。しかし，「はい，じゃあ，左手を挙げて！」と言った場合は，「船長さんの命令で」と言っていないので動いてはいけない。手を挙げてしまった人は座る。
※リーダーは指示の出し方を工夫する。それによって盛り上がりが決まる。みんなが引っかかるようにテンポよく指示を出していくとよい。
※指示の最初を「園長さんの命令で」「村長さんの命令で」など換えて，みんなが引っかかるようにするのも面白い。

【ゲーム2】「ビーム・シュワッチ」

〈ゲームのやり方〉
1) 全員が立つ。

2）リーダーが腕でつくる3つのポーズを教える。1つ目は「スペシウム光線を放つ」ポーズで、2つ目は両腕で「×」のポーズ、3つ目は両腕を「横（並行）」にしたポーズ。
3）チョキの形の両手を額に当て、全員が大きな声で「ビーム」と言う。
4）どこかのタイミングでリーダーが「シュワッチ！」の掛け声をかける。
5）そのときに
- 3つの内のどれか1つのポーズをする。
- リーダーも同時にどれか1つのポーズをする。
- リーダーと同じポーズをしてしまったら負けとなって席に座る。

6）立っている子が減っていく中で3）〜5）を繰り返し行い、最後まで残った人をみんなで拍手して称える。

〈参考〉
※1回練習してから始める。2回目からを本番とする。

※練習の際、「シュワッチ」のタイミングに遅れないようにポーズすることに注意する。

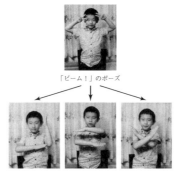

「ビーム！」のポーズ

「スペシウム光線」のポーズ 「並行」のポーズ 「×」のポーズ

【ゲーム3】「ネコとネズミ」

〈ゲームのやり方〉
1）全員が大きな輪になって座る。
2）左手の親指と人差し指で丸く輪をつくり、右手の人差し指を右隣の子の左手の輪の中に入れる。
3）リーダーが「ネ、ネ、ネ、…ネコ」と言ったら、自分の右手は捕まらないように逃げ、左手はつくった輪を閉じて、左隣の人の指を捕まえる。
4）自分は捕まらずに、隣の子を捕まえられたら2点。自分も捕まえられたけれど、隣の子も捕まえていたら1点。隣の子に逃げられた上に自分は捕まえられたら0点。
5）何回かやって合計点の多い人を「チャンピオン」として、みんなで拍手して称える。

〈参考〉
※リーダーが「ネ、ネ、ネ、…ネズミ」など、「ネコ」と違う言葉を言ったときは捕まえたり逃げたりしない。
※リーダーの言い方が盛り上がるかどうかの分かれ道となる。「ネ、ネ、ネ、…ネギ」や「ネ、ネ、ネ、…ネジ」「ネ、ネ、ネ、…根っこ」や「ネ、ネ、ネ、…粘土」「ネ、ネ、ネ、…寝まき」や「ネ、ネ、ネ、…タヌキ」などの違う言葉を入れていくと、大いに盛り上がる。

【ゲーム4】「仲間あつめ」
〈ゲームのやり方〉
1）全員を立たせる。
2）リーダー（教師）が「5人！」と言ったら，誰でもいいので5人で手をつなぎ，輪になって座る。
3）みんなは人数を揃えて素早く仲間を集めて座るようにする。
4）人数が揃わなかった子は「残念だったね！」となる。
5）すぐにまた全員を立たせて，「じゃあ，次は…3人！」「今度は…8人！」というようにして続けていく。
〈参考〉
※次のグループ活動に円滑に移行するためだったり（たとえば，最後に「4人」グループにするために使う），算数の「10までの数」の確かめだったりでも使える。
※同じ子が取り残されないように声かけする。
※「○人」だけでなく，「3＋2＝」のように，指示の仕方に変化をつけるのも楽しい。

以上の他にも，「自己紹介」「他己紹介」「何でもバスケット」「落ちた落ちた」「ジャンケンゲーム」（「進化ジャンケン」「後出しジャンケン」）「鬼ごっこ」（「手つなぎ鬼」「氷鬼」「どろけい」）「ジャンケンカード集め」「わざと間違える口口口…鼻」「ポンパ」などがある。

慣れてきたらリーダーを子どもたちに託していくとよい。

（2）子どもたちがゲームリーダーとなって

　子ども理解が進んでいくと，なかなか友達となじめない子，自分から「○○しよう！」と誘えない子，大きな声が出せない子，あまり笑わず表情が硬い子など，いろいろなタイプの子がクラスにいることがみえてくる。そのような子に「こうした方がいいよ」と直接的なアドバイスをするよりも，教師が引っ張るような形でもいいので，クラスのみんなで過ごす楽しい時間，心が解放される時間を保障していくことが大切である。集団遊びを行うことによって，楽しい雰囲気の中で自然な形で友達と関わり，知らない間に友達に声をかけていた，友達と触れ合っていた，自分を出せていた，友達と笑い合っていたというような場がつくり出されていく。

第9章　集団遊び

　1年生でも少し学校生活に慣れてきた頃や，2年生になっての初めの頃には，クラス全員や何人かのグループで，一緒に集団遊びに引き続き取り組んでいきたい。そうして，初めこそ担任が先導しながらも，この段階では子どもたちがリーダーとなってゲームを先導できるようにしたい。

【ゲーム5】「YES・NO ゲーム」
〈ゲームのやり方〉
1)「回答者」を1人決め，その「回答者」は黒板の前のいすに座る。
2) リーダーは「問題」（例：「宿題」）を黒板に書く。「回答者」には知らせない。
3)「回答者」以外の子が質問（例：「〇〇さんは，それが好きですか？　嫌いですか？」）する。
4)「回答者」は，「はい」か「いいえ」とだけ答える。
5) 再び「回答者」以外の子が質問（例：「〇〇さんは，それを食べたことがありますか？」）する。
6)「回答者」は，また「はい」か「いいえ」で答える。
7) このやりとりを続けていって，「回答者」は「問題」（答え）を当てる。
〈参考〉
※「回答者」が「はい」「いいえ」を言ったとき，それを聞いているクラスのみんなで「えー！」とか「本当？」「信じられない！」などと反応して盛り上がれるとよい。
※「問題」によって，面白さや盛り上がりが変わるので，工夫が必要である。「お母さん」「ゴリラ」「カレーライス」「先生」などは盛り上がる題材である。
※たとえば，「それは，生き物ですか？」「それと遊んだことがありますか？」「それに触ったことがありますか？」など，質問を工夫すると盛り上がる。
※「回答者」を1人ではなく班にして，班で相談して「答え」を考えるようにしてもよい。

【ゲーム6】「トントン1・2」
〈ゲームのやり方〉
1) 5〜8人ぐらいのグループを作り，丸くなっていすに座る。
2) 1の人をジャンケンで決め，その隣から2・3・4…と番号を決める。
3) 1の人が「せーの」と言ったら，全員が自分の腿を軽くトントンと2回たたく。
4) 1の人は「（トントン）1・4」のように，まず自分の番号を言い，続いて誰かの番号をリズムよく言う。
5) 再び全員が自分の腿をトントンとたたき，指名された4の人が「（トントン）4・3」のように，やはりまず自分の番号を言い，続いて誰かの番号を言う。

6）これを間違わずにテンポよく続けていく。
  7）間違ってしまったりテンポをずらしてしまったりしたら，その人が番号の最後の席に移動し，他の人は1つずつ席を変わって番号が上がる。もし「1」の人が間違ったら，「2」以降の人全員が上がって，「1」だった子が最後の番号に変わることになる。
  8）再スタートは番号の最後の人から始める。たとえば，8人グループだったら「（トントン）8・2」のように。
  〈参考〉
  ※自分が上がるためには，自分よりも少ない番号の人をねらうことになる。
  ※「（トントン）3・1」と言うときにテンポをあげていくと盛り上がる。

以上の他にも「うそ・ほんとゲーム」「にょろにょろどじょう」「発電所」などがある。また，水泳の授業の際にはプールの中で，「水中手つなぎ鬼」「水中ボールリレー」「水中ジャンケン列車」などを行うのも楽しい。体育授業の中で「班対抗ムカデ競争」などを取り入れるのも面白い。

③ クラスとしての関係を深める集団遊び

（1）仲間意識を育てる

いまの子どもたちの中には，必要以上に周りの友達に気づかいをしている子，気心が知れた仲のいい子とは何でも話せるけれど，そうでもない子とはなかなか話ができない子など，様々な子どもたちがいる。人間関係が少しずつできてきて，もっと「仲間」の存在，「協力」することの大切さなどを意識させたいときに行いたい集団遊びがある。

【ゲーム7】「伝言ゲーム」
〈ゲームのやり方〉
  1）4〜6人でグループをつくる。
  2）リーダーは，覚えるには少し難しい問題文を紙に書いて用意する。
  3）各グループの先頭の人だけに，リーダーが問題文を見せる。
  4）各グループの先頭は問題文を覚えて，自分のグループの最初の人に小さい声で伝える。伝えてよい回数は1回または2回と事前に決めておく。
  5）次に，2番手→3番手→4番手…と順に伝え，列の最後の人まで伝えていく。

6）列の最後の人が伝わってきた文（答え）を紙に書く。
7）順番に「答え」を発表し、どのグループの「答え」が一番正確であったかを決める。問題文の中の項目を点数化して順位をつけることもできる。

〈参考〉
※「問題文」には工夫が必要である。子どもたちの実態をよくつかんで、簡単過ぎず難し過ぎない「問題文」をつくるのがポイントである。例：「先生はきのう、スーパーマーケットに行って、りんごを2個とみかんを6個とバナナを5本買いました。家に帰る途中にみかんを4個落としてしまいました」。
※「答え」はとんでもない文になってしまう場合もあり、大いに笑い合える。
※発表の後、グループの最初から最後まで順に発表させると、「問題文」がどのように変化していったのかがわかり、その子の個性やグループの特徴なども出て面白い。

【ゲーム8】「ステレオゲーム」

〈ゲームのやり方〉
1）4つのグループに分かれる。
2）その中の1つが「回答グループ」になり、廊下（室外）に出て待つ。
3）残りのグループは、相談して（リーダーが決める場合もあり）みんなで発声する「言葉」を決める。
4）「言葉」は「きいろ（黄色）」「みかん」「コアラ」などの3文字。その3文字を3つのグループが1文字ずつ分担する。
5）「言葉」が決まったら、「発声グループ」は丸くなって並び、「回答グループ」が室内に入り、輪の真ん中に並ぶ。
6）リーダーの合図で「発声グループ」全員が声をそろえて「言葉」の中の分担した1文字を大きな声で言う。
7）「回答グループ」は、聞こえた文字を組み合わせてどのような「言葉」であったかを相談して当てる。
8）1回で正解しなかったら、2回目、3回目の「回答」を考えて答える。
9）1回目で正解したら3点。2回目で正解したら2点。3回目なら1点。正解できなかったら0点。
10）順番に「回答グループ」になっていき、順位を決める。

〈参考〉
※リーダーの指導のもと、発声グループは何回か練習してから行う。
※「言葉」を2文字にしたり4文字にしたりすると難しさが変わる。

（2）広い空間での遊びへ

　子どもたちの関係が深まり，様々な集団遊びを獲得していくと，徐々に「教室」という空間では，遊びの広さとして物足りなくなってくる。そうなると，いよいよ机・いすで詰まった教室外の広い空間，たとえば「空き教室」や「体育館」での集団遊びを求めていくようになる。関係性とともに，巧みな動きや運動量で子ども同士がつながっていく。

【ゲーム9】「並び方競争」

〈ゲームのやり方〉

1）班ごとに1列に並ぶ。
2）リーダーが「誕生日が早い順！」などと言う。
3）各班は，その指示に従って素早く並ぶ。並べたら，「はい！」と声をそろえて言う。
4）一番早く並べた班が勝ち！
5）全員で正しく並んでいるか確かめる。

〈参考〉

※リーダーの指示の例として「背の低い順」「名前のあいうえお順」「髪の毛が長い順」などがある。
※班の協力や班長のリーダー性の大事さがこのゲームを行う中で体験させられる。

【ゲーム10】「集団ジャンケン」

〈ゲームのやり方〉

1）4〜6人のグループを作る。
2）2グループが向かい合う。
3）リーダーが声や笛で1の合図を出したら，各グループはグー・チョキ・パーの何を出すかを素早く決める。
4）リーダーが2の合図を出したら，元の位置に戻って再び向かい合う。
5）リーダーの3の合図で，全員が「ジャンケン，ポン！」と言って，ケンを出す。
6）ジャンケンで勝ったグループが「勝ち」となる。ただし，グループで出したケンがそろっていなかったら負けとなる。

〈参考〉

※リーグ戦やトーナメント戦などの班対班の勝負にすることもできる。
※グループで相談する代わりに，後ろに回した手をつないで並び，声に出さず，どのケンを出すかを手の合図だけで伝えると面白い（1回手をぐっと握ったら「グー」，2回は「チョキ」，3回は「パー」というように決めておく）。

【ゲーム11】「ジャンケン列車」
〈ゲームのやり方〉
1）まずは，近くの人と1対1でジャンケンをする。
2）ジャンケンで負けた人は勝った人の後ろに回り，肩に手を置き，2人組になる。
3）次に2人組で相手を探し，出会ったら先頭の人同士でジャンケンをする。負けた2人組は勝った2人組の後ろに回り，4人組になる。
4）その後も同じように相手を見つけてはジャンケンをしていき，8人組から16人組へと増えていく。
5）最後に残った先頭の2人でジャンケンをし，勝った人が「チャンピオン」となる。
〈参考〉
※最後に，勝った人（「チャンピオン」）が一番後ろの人の肩に手をおき，クラスみんなで一つの輪になると，一体感が感じられる。
※BGMをかける中で行うと雰囲気がいい。そして，最後の2人の対戦は，全員の注目する中で盛り上げたい。
※体育館などで一つの大きな円をつくる時に導入として行うのも楽しい。

ここに例として載せた集団遊びは，班やグループでの相談の必要性，力を合わせることの大事さ，子どもたちの中でのリーダーの役割，成功したり勝ったりしたときの喜びの共有などを，子どもたちがつかみやすいものである。友達との関係を深めていく上でとても意味のある集団遊びといえる。この他にも「絵のリレー」「島鬼合戦」などがある。

（3）ダイナミックな遊びへ

広い体育館での遊びも可能になるほどに，お互いの指示が伝わり，遊び方やルールが呑み込めて遊べるようになってくると，もっと広い「校庭」でも遊べるようになったり，体を絡ませたりぶつけ合わせてもゲームが中断することなく遊べるようになってくる。お互いの力加減が理解できるほどに，お互いの理解が深まってきたからである。

【ゲーム12】「人間知恵の輪」
〈ゲームのやり方〉
1）6～8人のグループをつくり，手をつないで輪になる。

2）鬼に決まった他のグループの1つ
　は室外に出て待つ。
3）輪をつくっているグループは，
　しっかりと手をつないだまま絶対に
　離さないで，お互いに手の間をくぐ
　りぬけたり，手の上をまたいだり，
　手をねじって後ろを向いたりして，
　「知恵の輪」をつくる。

この手の
下を
くぐってよ

4）鬼のグループは「知恵の輪」ができたら室内に入り，からまった「知恵の輪」を体に触らないで，できるだけ早く元に戻す。
5）そのとき，「知恵の輪」をつくっているグループは，鬼の「ここのねじれを戻して」や「○○君はこの手をくぐって」や「△△さんはここをまたいで」というような指示に，握った手を離さないままで従わなくてはいけない。
6）何秒で「知恵の輪」が解けたかで競う。「最長3分」とか終わりの時間を決めておく。
7）「知恵の輪」になるグループを交代して行い，一番早かったグループの勝ちとなる。

〈参考〉
※このゲームを通して，男の子と女の子が自然に触れ合い，仲良くなるといい。
※「知恵の輪」をつくっている人たちは，鬼の指示には従うが，「痛いよう」や「腕の骨が折れちゃうよう」などと言って，鬼を困らせてもよいことにする。

【ゲーム13】「Sケン」
〈ゲームのやり方〉
1）2チームに分かれる。
2）図のようなS字を運動場に書いて，陣地内の決めた所に「宝」（ドッチボールなど）を置く。
3）「スタート！」の合図で出入り口を出て，相手チームの陣地の中にある「宝」を取りに行く。
4）自分の陣地以外では片足ケンケンで移動する。ただし，「島」では両足がつける。
5）陣地の外で相手と出会ったら，体をぶつけあって戦う。両足をついてしまったら「負け」で，「牢屋」に入

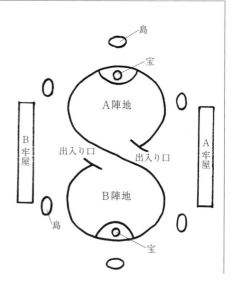

6）相手陣地に入ったら，相手の「宝」を奪って，自分の陣地に持ち帰る。
　7）自分の陣地に入ってきた敵は，線の外へ押し出して「宝」を守る。押し出されてしまったら，「牢屋」へ行く。
　8）先に「宝」を持ち帰ったチームが勝ち！
〈参考〉
※体をぶつけ合う代わりに，出会ったらジャンケンして勝負するやり方もある。
※「牢屋」に入った人も，味方の人にタッチしてもらったら生き返ることができるようにしてもよい。

4　伝承遊び

（1）伝承遊びをしよう

　生活科では，「昔遊びをしよう」などの単元がある。昔遊びには，「お手玉」「まりつき」「竹馬」「けん玉」「コマ回し」「ビー玉」「めんこ」「たこあげ」「羽根つき」「かるた」「すごろく」など，たくさんの遊びがある。
　これらの昔から現在までずっと伝わってきた遊びは，続いてきた理由がある。
　①　簡単に誰でもやることができ，楽しい。
　②　ルールや遊び方が厳密に決まっているわけではないので，自分たちで遊び方を工夫できる。
　③　遊ぶ人数も自分たちの事情に合わせて行いやすい。
　こうした良さがあると考えられる。
　しかし，すべての遊びを体験させることはできないので，「ねらい」を絞って，その「ねらい」にあった遊びを生活科の授業の中で取り上げていくようにしたい。また，単に少しだけ体験させてみるという取り組み方ではなく，できればじっくりとその遊びを経験させたい。
　教師がその遊びを教えることから始めるのもよいが，可能であれば，地域のお年寄りや同学年の祖父母から協力を得るとよい。「昔遊び名人に教えてもらおう」などとして，「あやとり名人」「こま回し名人」「たこあげ名人」などに

教室に来てもらって，名人の技を見せてもらったり，実際に遊びを教えてもらったり，昔はどのようにして遊んだかを話してもらったりする会をもつとよい。

（2）技のある遊びを楽しもう
　ここでは，一つの例として，「けん玉」「こま回し」についての取組みを紹介したい。けん玉では，最初は，私が「大皿」10回連続成功，「とめけん」の成功を見せることから始まった。こま回しでは，最初に私が床で回す。次にお菓子の缶のふたの上に乗せる。最後に手のひらに乗せる。こうした技を見せた。
　両方とも，「先生，スゴーイ！」からのスタートだった。生活科の授業での10分間ぐらいの練習，休み時間での練習，しばらく時間をおいて行う「検定」。だんだん子どもたちの中でブームになり，「できる技」が増え上達してくると，けん玉の「とめけん」で10回のうち何回成功するかを「先生，勝負しよ！」と言ってくる子が出現する。「こま回し」でも，ふたの缶や手に乗せる技を成功させられるようになって，「先生，スゴーイ！」ではなく，「先生，見て！」に変わっていった。
　こま回しでは，遊びの様子に変化が現れた。最初の頃は休み時間に練習して，回せるかどうかを見せ合っていた。そのうちに，「勝負」が始まった。誰が最後まで回せているかという勝負だ。また，男の子の何人かと女の子も少し加わって，休み時間にこまで遊ぶ子たちがいた。見ていると，5回中に何回缶の上に乗せられるかの「勝負」をしていた。回せる子が増えてくると，「勝負」が始まり，その「勝負」の種目（質）がだんだん変わっていく。「遊び」の発展である。そういう中で，誰か一人が難しい技を成功させると，僕も私も…と個人練習にも熱が入っていく。そして，技のレベルもぐんと発展していくのだ。
　また，子どもたちの友達関係にも変化が自然に起こっていく。ある技が「できる」ようになることは，確かに"その子個人"ができるようになったのであるが，実際に指導していると，「できる」ことは，一人ひとりが"力"を獲得していく，"力"を貯めていくということだけでなく，集団の中で，または集

団だからこそ，"力"をつけていくことができることがわかってくる。一人で練習するのとは違って，他の子のやっているのを見てやり方を覚える，同じリズムでやってみる，コツを教えてもらう，応援してくれる，競い合ってさらにやる気になっていく。そして，こうした"力"を一人ひとりが体の中に技として取り込んでいくことが重要な要素である。そのことはまた，当初の「先生，スゴーイ！」の状態，先生の奨励・励まし・アドバイスにより練習し上手になっていく状態から，徐々に子どもたちが自分たちで取り組み，自分たちの楽しみにしていく段階へと変わっていくことを意味している。

5　集団遊びを通した学級づくりと教師

　教師側からみた集団遊びの教育的意義については，すでに本章第1節第3項で述べた。ここでは，教師に視点を当てて集団遊びについて考えてみたい。集団遊びを指導する教師はどんなことに配慮すべきであろうか。

　第一に，教師自身が子どもたちの生活そのものである遊びを楽しむことが大切である。子どもは鋭い感覚をもっている。教師がその活動を楽しんでやっているかどうかを，子どもは簡単に見抜くものである。同時に，教師が自分たちと一緒になって楽しんでいる姿を見ることは，子どもたちに大きな喜びと安心を生み出す。「楽しさは広がる」と肝に銘じたい。

　第二に，集団遊びを通して，"子どもたちを引きつけられる教師"へと成長したい。集団遊びでは指導者である教師の力がある意味決定的である。①明るく楽しいトーンでその場の雰囲気を盛り上げることができる，②テンポのいいわかりやすい指示が出せる，③マニュアルどおりではなくユーモアとアドリブがきく，そうした教師であってほしい。

　第三に，集団遊びの引き出しを豊富にしていきたい。「豊富に」というのは，数だけの問題ではなく，「いま，子どもたちがこういう状況だからこれを！」「仲間を意識させたいからこの遊びを！」「ルールを子どもたちに考えさせてみよう！」というように，目の前の子どもたちの実態に合わせた遊びが子どもた

ちに提示できるという意味合いが含まれている。

第四に，これが一番大切だと思われるが，集団遊びを通して"子ども理解"を深めていくことである。授業の中でもそうであるが，授業以外のとくに遊びの中では子どもたちの普段見られないような姿，意外な面，隠れた特性などが垣間見えることがよくある。一人ひとりの子どもをより豊かに理解していくためにも，子どもたちと一緒に過ごす遊びの時間を大切にしていきたい。

引用・参考文献
家本芳郎編著（1980）『教育基礎技術叢書7　たのしい遊びの指導』あゆみ出版。
奥田靖二編著（2011）『学級遊びの教科書』いかだ社。

学習の課題
(1) 学生自身が友人などと一緒にここに紹介されているゲームのいくつかを実際にやってみよう。そのことで，集団遊びに取り組むことには，どのような教育的意義があるのか，自分の体を通して考えてみよう。
(2) その際に，リーダー役を交代しながら，どこでどのような指示をするとよいのかを，体験しながら考えてみよう。
(3) 紙幅の関係で名前のみの紹介にとどまっている集団遊び，またここで紹介されていない集団遊びがある。どのような遊びなのか調べてみよう。

【さらに学びたい人のための図書】
みんなの会編（1989）『先生たちが選んだゲーム・手づくりあそび BEST 100』あゆみ出版。
みんなの会編（2002）『新　先生たちが選んだゲーム・手づくりあそびセレクト100』講談社。
　　⇨この2冊は現場の先生たちが協力してつくられた本で，多くの集団遊びが絵とともにわかりやすく紹介されている。
草場純（2016）『遊びの宝箱』スモール出版。
　　⇨「わらべ遊び」「外遊び」「室内遊び」「パーティーゲーム」に分けて豊富な遊びがコンパクトに紹介されている。

（鬼頭正和）

第10章 遊べる物をつくる
——手先の器用な子に育てる

この章で学ぶこと

　生活科の新学習指導要領第2の2(6)に「身近な自然を利用したり，身近にある物を使ったりするなどして遊ぶ活動を通して，遊びや遊びに使う物を工夫してつくることができ，その面白さや自然の不思議さに気付くとともに，みんなと楽しみながら遊びを創り出そうとする」とある。本章はそのねらいに基づいて学ぶことになるが，それだけではなく，子どもたちが実際に手と頭を使ってつくってみることで物づくりに込められた技術や，生活を豊かにする力が獲得できるようにしていくこともねらいとする。実際につくって楽しめるように記述してあるので，学生自身もぜひ実際につくってみながら学び進めてほしい。

1　「変化する生活」と技・道具

　「変化する生活」は子どもたちの成長・発達にも様々な影響を与えている。子どもたちと物づくりの観点で現代の子どもたちをみた場合に，以下の課題を感じている。①道具・材料との関わりの問題，②物づくりの主体性の問題，③子どもたちの興味関心と取組み方の問題である。これらについて，まず具体例をあげて考えてみたい。

（1）まっすぐな線が引けない，まっすぐに切れない！

　私の勤務する学校では，小学校3年生で，「回転万華（アイソアクシス）」（図10-1）という色変わり玩具をつくっている。

　材料として，あらかじめ六角形に切っておいたり，折り筋をつけるための線を実践と点線にわけて印刷しておいたりしたケント紙（図10-2）を渡す。子

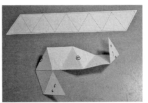

図10-1 アイソアクシス完成品

図10-2 アイソアクシス（上：原型，下：折り筋にそって折る）

どもたちは，それをはさみで切り，ケガキ棒（あるいは釘の先，ボールペンの先など）を使って，折り筋をつけるという作業をやっている。

　この「折り筋をつける」という作業が子どもたちにとっては，思いのほか難しい。印刷されている線に物さし（鋼尺・こうしゃく：鉄製の直線定規）をあてて，その線をなぞるだけなのだが，どうしてもずれたり，曲がったりする子がいる。見ていると，まず，物さしを左手（左利きの子ならば右手）で，しっかり押さえるという動作ができていないか，押さえ方が弱く途中で物さしが動いてしまうかしている。その結果，何本も折り筋がついてしまい，元の台紙が使えなくなるということも起こる。押さえ方が弱いという手の問題と，線をなぞるときに視線が線を追い切れずに終わっているという目の動きの問題もあるのではないかと考えている。

　では，ハサミで直線を切るときはどうだろうか。ハサミの持ち方はできていても，「まっすぐ」という正確さを要求すると，ハサミの2つの刃で紙をどこまで挟むのか（先の方なのか，真ん中あたりなのか）がわかっていない。少なくとも先の方でちょっとずつ切るとギザギザの切り口になりやすいことは確かなので，そこは悪い例として見せる。次に，真ん中ぐらいまで挟んで切るのか，それより奥なのか。そこは，それぞれの子どもの手の動きに委ねる。

　口で伝えたり，動作でやって見せたりしても，実際にハサミを使って，何回も切るという経験を経なければ，なかなか自分の一番やりやすい切り方，自分なりの切り方にたどり着けないのである。小さいときからの生活で，あるいは幼稚園や保育園でハサミを使う経験を経てきた子もいるし，そうでない子もい

第10章 遊べる物をつくる

る。どの子にも道具を使いこなす技を身に付けてほしいと思う。ハサミの持ち方，まっすぐ切るときの2枚の刃の合わせ方，ハサミの向き，安全な持ち方，手渡し方など，基本的なことを教えて，あとはハサミを実際に使っていろいろな物を作る中で，自由に使いこなせるようにする，技として身に付けていく，そういう時間と場を保障していくことが必要である。

　同じく，カッターを使ったときだった。「先生，カッターってどこで切るの？」という質問を受けたことがある。カッターの刃を見て，どちらが切れるのか教えないとわからないのである。家庭生活の中で，カッターを子どもたちが使う場面はほとんどなくなってきている。「危ないから使わせない」という大人の価値観が影響しているのだろう。しかし，カッターは便利な道具であることに間違いはない。正しい使い方とその便利さ，そして間違った使い方とそれによる危険性をきちんと教えていかなければならない。使う場面が減ってきているとしても，大事な道具であることに変わりはない。物づくりに使われる道具という意味だけでなく，身近な生活の中でも使われているし，これからも使われていくだろう道具である。だから，その使い方を技としてきちんと伝えていく必要があるのではないだろうか。

（2）「必要ないからやらなくていいじゃん」

　100円ショップに行けば，日常生活に必要なちょっとした物がほとんど手に入る時代である。その影響が強いのであろう，つくることに対して「面倒くさい！」を連発する子がいる。木で「キューブパズル」（図10-3，4年生）を作ったり，「太鼓貼りの木の箱」（図10-4，5年生）を作ったりしたときに，「僕には必要ありません。つくりません」と物づくりに向かうことに拒否反応を示した子がいた。物づくりや工作の授業は，子どもたちには人気の授業だと思っていると，そうでもなくなってきている。「何の役に立つの？」と真顔で問いかける子もいる。「そのもののつくられ方がわかるようになる」「道具がうまく使えるようになる」と話しても，言葉だけでは通じない。

　そんなとき，どうしたものかと立ち止まって考える。決定的な打開策ではな

図10-3　キューブパズル　　　図10-4　太鼓貼りの木の箱

いが，私は，いくつかの試みをしてきた。一つは，とにかく一緒にやってみる。たとえば，のこぎりを使う場面では，のこぎりの持ち方，立ち方，切り始め，切り終わりと具体的に一つひとつの作業を改めてマンツーマンで伝える。それから，子どもたちの感覚を呼び覚ます。たとえば磨き。木の表面を徹底的に磨くことで，すべすべつやつやの木の感触を伝えるなどである。そして，忘れてはいけないのは，そこで一緒に作業に取り組んでいる仲間や集団の中での評価である。「○○君，こんなにがんばったよ」と。そうやってなんとか，人間が本来もっているものづくりへの欲求を呼び覚ます。そこを何度も繰り返すことによって，だんだんと向かうようになるのではないかと思っている。

　出来合いの物を「いるか，いらないか」で判断するのではなく，自分にしかできない，自分の力で仕上げた物であるというところに価値があるということに気づかせ，惹きつけられるようになってほしいと思う。

（3）「いままでで一番おもしろかった」

　物づくりの時間に，本当は自分もつくりたい，友達のようにつくりたいと思っていても，なかなか自分では思うような作品がつくれない子もいる。ちょっと気の短いA君は，初めはやろうとするのだが，自分ができない，わからないとなるとすぐにつくることをあきらめてやめてしまう。そして，うろうろして友達とぶつかりトラブルになる。

　そんなことを繰り返していたA君が，「変身カード」（図10-5，10-6）をつくったときだった。ケント紙を折って，切込みを入れる。そうして，もう一枚のケント紙を差し込むとまたたく間に絵が変わるというとても単純な物なのだ

 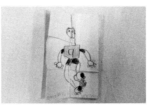

図10-5 変身前のカード　　図10-6 変身後のカード

が，いままでつくり方の説明が長くなると聞いていても途中でわからなくなり，やめてしまっていたA君が，このときばかりは，最後までつくり方がわかったのか，さっそく自分の力でどんどん仕上げていった。2個目，3個目といつもとは全然違う様子だった。授業時間が終わったときに一言「いままでで一番おもしろかった」という言葉を残していった。複雑な物でも「つくりたい」という動機につながるように完成品のイメージをきちんと与えること，そしてスモールステップを踏んで時間をかけて取り組むこと。もちろん，飽きがこない程度の時間でという意味である。このことがA君との関わりから学んだことだった。

2　物づくり・工作活動の役割

(1) 物づくり・工作活動を重視する意義

　私は，幼児から大人に至るまでのどの段階においても，物づくりを経験し，物づくりが生活の一部となっていくことが大切であると常日頃から考えている。それは，人間として育つ上で物づくりがとても大切な役割を担っていると捉えているからである。その意義を以下の点で考えている。

① 物づくりに取り組むということは，材料を知るとともにつくるための道具をも知ることになる。また，つくり方を知るというだけでなく，物に主体的に働きかけ，自分の手と頭を使って物をつくり変えるという動作を通して，物に主体的能動的に向き合う人格を育てる。

② 物をつくることによって，そこに込められた人間が長い年月をかけて積

み上げてきた技術や文化の一端にふれることになり，普遍的な技術や文化の継承とともに，新しい技術や文化の創造を模索していく，そのきっかけをつくるという点での意義もある。

（2）試行錯誤の中で獲得する主体性・能動性

　工作室を開放して，休み時間に「自由工作」できる時間をつくった。子どもたちがやってきて，板の端材に釘を打つ。授業の中で，金づちで釘打ちの授業をやっているが，なかなか1回では「まっすぐに打つ」ことが難しい。理屈どおり指示どおりにはいかないものである。自由工作する子どもたちの様子を見ていると，最初は曲がって打たれていた釘が，やがて何本も打つことによってまっすぐに打たれるようになっていく。金づちの打面を釘にどうやってあてればよいのか，金づちをどうやって持てばよいのかと，初めに曲がった釘と"対話"しながら，そして周りの友達，あるいはちょっと大きい子たちの金づちの持ち方，打ち方を見て，子どもは自分の中で試行錯誤を繰り返し，やがて自分の技を変化させ，より"高度"な技を獲得していく。この試行錯誤の繰り返しと，釘や金づちといった物と自分との対話によって自分を変化させ，主体的に物に関わろうとする姿にこそ，物づくりの大事な意義がある。

（3）現実世界を捉える

　2年生の算数で「長さ」の学習を終わった子どもたちが，物づくりの中で，実際の木の材料から必要な長さを切り出したときのことである。「棒状の長い角材から3cmの角材を何本か切り出す」という課題を出した。

　まず，物さしで3cmの長さのところに鉛筆で印をつけていくのだが，3cmという長さは読めるので間違いないだろうと思っていると，何人もの子が3cmをオーバーして印をつけていた。子どもたちの持っていた物さしは，スタートの「0」が物さしの端ではなかったのである。そのために，3cm5mmとか，3cm3mmといった中途半端な場所に印がつけられていたのである。上述の鋼尺を使うとその心配がない。鋼尺の端が「0」であり，そのまま

角材の端にあてれば正確な長さが出せるのである。

　次に，印をつけた上をのこぎりで切る。ところが，線の上を正確に切ったつもりでも切り終わった木の長さを測ってみると，切りたい長さよりも短いことがある。のこぎりの「あさり」の幅が考慮されていなかったからである。これは，算数の長さの学習では意識されないことである。実際に物にあたるということは，そういう"周辺の事実"に突き当たるということでもある。このことが理解できているということは，現実世界の中で生きていく上で非常に重要なことである。現実世界を正確に捉える大切な学習である。

（4）人と人のつながりを知る

　私は，「ゼロから使える物になるまで」の物をトータルに捉えることを大切にしたいと考えている。カイコ→まゆ→糸→布→織物と変化していく過程，あるいは植物→繊維→紙漉き→和紙へと変化していく過程，他にも土→粘土→陶器，砂鉄→鉄→ナイフへと変化していく過程，これらは人間が営々として物を加工する知恵と技術を獲得してきたことによってなしえた進歩であり，大きな成果である。その歴史を知ることで，世界の見方や捉え方も大きく変わってくるのではないかと考えている。そして，一つひとつの技術はもとより，その物と物の変化やつながりには，当然人間が介在しているわけであるから，人と人とを結ぶつながりも生じてくる。このつながりを知るということが，物づくり学習のもう一つの大きな意義であると考えている。

3　生活科における工作活動での実践事例

　以上を踏まえて，実際に子どもと取り組んできた工作活動のいくつかを紹介していきたい。ここではとくに，準備の手間も少なく，材料もごく身近なところで手に入る，そして低学年でもできる物ということを念頭に置いた。

(1)「七変化帽子」

　材料は新聞紙全紙大1枚だけ。それを半分にたたんだ大きさからスタートする。図のように折り進めていくと,「ゆきんこぼうし」「しょうきさま」「スチュワーデス」など様々な帽子になっていく。「えぼし」はつくり方が難しいのでぬかしてもよい。それぞれのネーミングを子どもたちと一緒に考えてもよいだろう。大きさ的にも子どもたちの頭にぴったりとはまる帽子ができる。

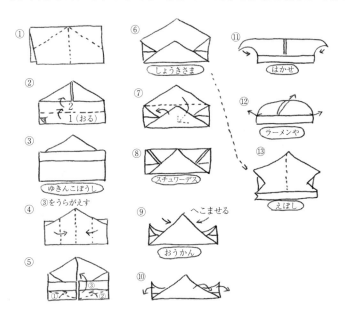

　「紙を折りたたむ」というところからのスタートなので,年長の子や1,2年生くらいの工作にはちょうどよい。私の勤務する学校では1年生でやっているが,はじめの1回だけ丁寧に教えると,ほとんどの子が2個,3個と自分の力で仕上げてしまう。できるようになった子は,まだできていない子に教える姿も見られた。

　2個,3個とつくった子どもたちは,出来上がった帽子をかぶり,その職業の人になりきったつもりで人まねを始める。帽子は職業を示す一つの目安にもなるので,「お仕事の帽子調べ」や「仕事しらべ」といった学習への入口,発

第10章　遊べる物をつくる

（2）牛乳パックを使って玩具をつくる

飲料パックはビニールコーティングされている。その良さを使って2つの工作活動を紹介する。パックは牛乳でもジュースでもよい。1000mlの大きさの物がよい。

【「ビュンビュンゴマ」のつくり方】
1) 牛乳パックの底と口のかたい部分をハサミまたはカッターで取り除く。
2) 重なりの部分を開いてできるだけ平らにし，下図左のように4面を半分に分けるように縦に切る。
3) 半分に分けられた2面を折って重ねたら，今度は下図右のように2cm幅で横に切る。

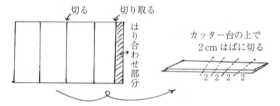

4) 2cm幅で切った物4本を，下図の順番に従って組み合わせる。
5) 中心の点をはさんで，一方の対角線上（下図のAとC）をホッチキスでとめ，もう一方（BとD）に中心からそれぞれ5mm以内の間隔でキリ等で穴を開ける。

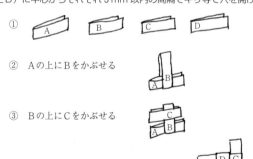

①
② Aの上にBをかぶせる
③ Bの上にCをかぶせる
④ Cの上にDをかぶらせてDをAの間にくぐらせる
⑤ 対角線にホッチキスでとめる
　ホッチキスをしてない対角線に穴を開ける
　穴にヒモを通して完成

159

6)最後に,タコ糸を一ひろ(両手を広げた長さ)くらいに切り,穴を通して結んだなら完成(写真)。
※チップボールのような四角い厚紙に対角線を引き,中心をはさんで,キリ等で穴を開けてつくることもできる。

【「ホイッスル」のつくり方】

(教師の準備)
1)開いた牛乳パックの面に12cm×6cmの線を引く(図①)。
2)上から2cm間隔の部屋ができるようにして,縦横に線を引く。縦は8cmの所まで線で分けたら,最初の2cmのうち1cmは切り落とす。

(子どもの活動)
3)実線部分に切れ目を入れる(図②)。
4)切ったところを点線部分で順に折る(図②③)。
5)切ったところを折り,折ったところを外側に重ねて,セロハンテープでとめていく(図④)。
6)矢印の細い口がウインドウエイの部分になる。息が前の穴に直角にあたるように調整できれば完成(図⑤)。

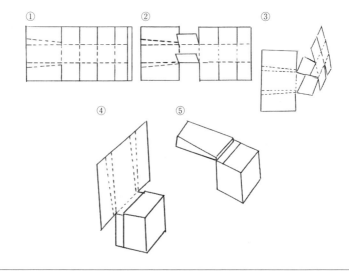

第10章　遊べる物をつくる

（3）回転する玩具をつくる

　子どもは，動く物が大好きである。ここでは，動く物の代表として回転する玩具を5種類紹介する。

【「CDごま」のつくり方】

　使わなくなったCDを使って，簡単にできるこまをつくった。
1）CDの真ん中に開いている穴を鉄のやすりなどを使って，斜めに削る。丁寧に削れば削るほど，そこに入れるビー玉がうまくフィットする。
2）プラスチック用，あるいはガラス・陶器用の接着剤を削った穴につけて，ビー玉をピタッとはめれば完成。

※接着剤の乾きが待てないのであれば，グルーガンを使ってホットボンドで接着するやり方もある。ただし，ホットボンドは，ぬり過ぎると逆にすぐはがれることもある。ギザギザが残るようにやすりで削った方がくっつきやすい。

※写真左のように，CDの大きさにすっぽりかぶる円の紙を用意して，そこにシールを貼る。そうして，回してみると，写真右のようにおもしろい模様が現れる。

※ビー玉が突出している部分がつまみになるが，それがつまみやすいように，セロテープで覆うのもよい。

【「ストローとんぼ」のつくり方】

（教師の準備）
1）牛乳パックの注ぎ口と底を切り取って開く（図①）。
2）開いた牛乳パックを縦2，横15cmの長方形に切り，図②のような折り目の線を書く。

（子どもの活動）
3）6cmくらいの長さのビニールテープで，図②の端に2回くらい巻き付ける（図③）。
4）パックの内側が上になるように，図③の羽を図④のように線にそってY字に折る。
5）図⑤のように，ストローの一方の先に1cm程度の切り込みを入れる。
6）Yの字に折った図④の羽を図⑥のようにストローの切れ目に差し込み，ホッチキスでとめ，さらにセロテープで固定すれば完成。

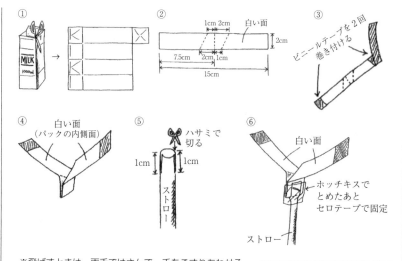

※飛ばすときは、両手ではさんで、手をこすりあわせるようにしながら、片方の手をもう一方の手の平の上を前に押し出すようにすべらせる。押し出した羽が下に落ちたときは、回転の方向が逆であることに注意する。

※何回も飛ばしていると、牛乳パックのYの字の部分がだんだん弱くなっていく。その場合は新しくつくった方がよい。

※ストローと牛乳パックの接着部分で、ストローにクセやシワが入ってしまうと飛ばなくなる。その場合もストローを交換すればよい。

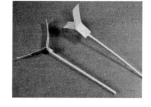

【「3枚羽ブーメラン」のつくり方】

1）牛乳パックを図①のように、19.5cm×3.5cmで長方形に切り取る。
2）それぞれ重ね合わせてホッチキスでとめる。
3）先端の方に図②のように、ビニールテープをまき、上向き（トンネル状）にクセをつける。

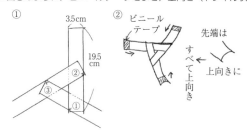

第10章　遊べる物をつくる

※このブーメランは，中心部分が重なりお互いを支え合っているので丈夫である。
※よく回転するポイントは，羽にソリを入れること。危険防止のために先端の角は落とし，必ず広いところで飛ばす。

【「コップでキャッチ」のつくり方】
「くるくるヘリコプター」ともいわれている。ここでは，牛乳パックは使わずに普通の折り紙でつくることにする。1，2年生でも簡単につくれて遊べる。回転する羽を見ながら，地面すれすれに「コップでキャッチ」して遊ぶ。

1）折り紙の半分で1枚の羽をつくることにして，まず，半分に切った折り紙を縦横それぞれに半分に折る。
2）縦に折った折り筋にそって，真ん中まで切り込みを入れる（図①）。
3）切り込みを入れたところを上側に半分に折る（図②）。
4）さらに縦に半分に折る。そうしてまた切り込みを入れる（図③）。
5）飛行機を折るときのように三角に折り（図④），さらに三角にまた折る。そのとき，一方だけは反対側の端まで折りたたむ（図⑤）。
6）羽を広げれば完成。

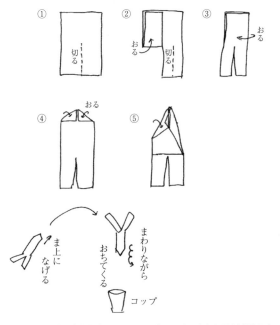

※ここでは，その羽のつくり方を紹介した。コップのつくり方もあるが省略した。羽を受け止

める入れ物は，なんでも構わない。市販の紙コップが手軽でよい。
※よく回転して落ちるコツは，真上に飛ばすように投げることである。
※くるくる回転しながら，羽が落ちてくるので，それを上手にコップでキャッチする。

【「テープごま」のつくり方】

2年生がこまをつくり，そのこまを入学してきた1年生にプレゼントする。2年生は自分用とプレゼント用に1人2個作る。

1）クラフトテープを大人の一ひろ半（だいたい1.5mくらい）に切る。
2）直径6〜8mmのラミンの丸棒を12〜15cmに切る。
3）丸棒の一方の先を紙やすりを使って丸く削る。形としては尖がらないように丸くする。
4）削った方をコマの軸の下として，その一番先端から1cmくらい上のところを目安に1）のクラフトテープを巻き付けていく。
5）クラフトテープをゆっくり丁寧に巻いていき，最後のトメもホッチキス止めがよい。

※軸の中心とクラフトテープの始まりの部分をクラフトテープの全面に木工ボンドをつけて固めると，丈夫なこまになる。
※ラミン棒にいかにクラフトテープを接着させるかが一番のポイントになる。なかに繊維を含んだ強力な両面テープを使うか，クラフトテープの先に壁打ち用などの大型ホッチキスで止めるなどの工夫が必要である。ここは大人の力が必要になる。また，クランプなどで固定して，木工ボンドで一面を覆い，乾くのを待ってもよい。
※クラフトテープは，子どもたちには少し硬い。とくに丸棒に巻きつける先端の部分は少し濡らすか，机の角などでこすってやわらかくするかなどして工夫するとよい。
※軸の長さを12〜15cmと長くしたのには理由がある。それは，こまを回すときに3つの方法で回すことができるからである。1つ目は市販されている缶ゴマ・木ゴマ同様にひもを巻いて回す，2つ目は手と手（手のひらの間），軸の棒を挟んで手をすり合わせて回す，3つ目が普通に指を使って回す方法である。

（4）木を使ってつくる

最後に，木を使った簡単な木の車づくりを紹介する。

【「車」のつくり方】
※準備
- のこぎり

- 穴開け用のドリル
- 縦15～18cm×横6～7cm×厚さ2～2.5cmくらいの木（柔らか目の木がよい）1人1本
- 直径2～2.5cmの丸棒から切り取った車輪1人4個
- 竹ひご1人2本

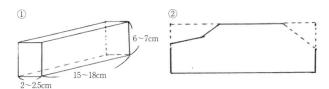

1）型紙づくり——どんな形の車にするのか考えて，それを型紙（車の側面図）にする。
2）図②のような形にするには実線部分をどうやって切り出すか，のこぎりをどうあてるか，そして，木をどこで押さえるか，を考えさせる。
3）型紙を木にあてて，車の形を写す。
4）木を万力（クランプ）で押さえ，のこぎりで切る。切る場所によって，押さえの難しいところもある。クランプ，万力等を工夫して使うことが必要である。
5）車軸を通す穴を本体の木に空ける。穴の位置は，車輪をまず当ててみて，車輪の中心が本体の上にくるようにして決める。しかも，前後の車軸の穴の位置は同じ高さになるようにする。穴をあける位置が決まったら，穴開け用ドリル（直径3.2～3.5mmくらいのドリル刃）で穴を開ける。
6）車輪にも途中まで穴を開け（貫通させなくてよい），ボンドで竹ひごをつける。
7）車軸のシャフトになる竹ひごを通す。
8）通した竹ひごの両側に車輪を木工ボンドで取り付ければ完成。

※型紙は，工作用紙を材料の木の側面と同じ大きさに切った物を使うとよい。
※のこぎりで切ることが難しい部分は，糸鋸を使う方法，やすりで削るなどの方法，あるいは形を変更するなどで対応する。

学習の課題

(1) ここに紹介されている工作を読んで終わるのではなく，実際につくってみることを通して，自分たちや子どもたちが工作活動することの今日的意味を，自分の言葉で考え書き表してみよう。

(2) 自分でつくってみることで，小学校低学年の子どもがつくるときに配慮しなくてはならないことにも気づくことがある。それぞれの工作ではどんな配慮が必要か考えて，書き出してみよう。

(3) 1, 2年生でもつくれる工作を紹介したが, 他にもあるし, 応用編もある。自分で調べてつくってみて, 子どもたちでもつくれるか試してみよう。

【さらに学びたい人のための図書】

子どもの遊びと手の労働研究会編（1986）『いちばんはじめの教育——あそぶ手・つくる手・はたらく手』ミネルヴァ書房。
　　⇨乳幼児の発達における物との関わりや工作することの意味, 生活科でも生かせるつくる活動が種々紹介されている。

子どもの遊びと手の労働研究会編（1990）『シリーズ手づくりひろば ①〜⑥』ミネルヴァ書房。
　　⇨それぞれのシリーズごとに, 紙・粘土・木・竹・金属などを材料にしたり, 織る・編むなどの技を使ったりした実践が紹介されている。

子どもの遊びと手の労働研究会編（2002）『わくわくものづくり』KTC中央出版。
　　⇨小学校低学年の子どもでもつくれるような工作活動についてわかりやすく紹介されている。

（中村源哉）

第11章 自分の成長を見つめる
——「誕生」の学習

この章で学ぶこと

生活科の新学習指導要領第2の2(9)の中にもある「自分自身の生活や成長を振り返る活動を通して，自分のことや支えてくれた人々について考えることができ，自分が大きくなったこと，自分でできるようになったこと(中略)が分かるとともに，これまでの生活や成長を支えてくれた人々に感謝の気持ちをもち，これからの成長への願いをもって，意欲的に生活しようとする」を念頭においた授業をどのように組み立てていけばよいのか，自分の誕生からいまに至るまでに視点を当て，2年生の子どもたちが「自分のことを知りたい」「自分の成長について知りたい」と思える展開を追求したい。そうした授業のあり方をここでは学ぶことにする。

1 「誕生・成長」を見つめる

(1) 誕生会

学校のみならず家庭でも，子ども一人ひとりがその存在感を自分自身で感じ取れずに起こる悲劇が後を絶たない。そうした中で，「いまの自分を祝ってくれる温かな集団がここにもある」と感じられる取組みを，学校の中でも大事にしていきたい。そうした中の取組みの一つが「誕生会」である。

誕生会のやり方は様々である。まずは，誕生日を迎えた子を紹介する。誕生日であるその日の朝に紹介できれば一番喜ぶ。もしもその時間さえも確保が難しければ，月初めにまとめて「今月の誕生日」として紹介することもできる。そして，たとえば「誕生日を祝う歌を歌う」「先生やクラスとしての手づくりプレゼントを渡す」「プレゼントの技を披露する」「代表者などがお祝いの言葉を言う」など，1つ2つお祝い事が行われる。最後に，誕生日の子が感謝や決

意を語る。

　時間をかけられればその分内容を膨らませて取り組むことはできる。しかし現実は難しい。大切なのは，たとえそれが時間をかけた十分なものでなくても，「自分の誕生日を知っていてくれた」「いまの自分を祝ってくれる温かな集団がここにもある」と感じられる"機会"をつくることである。

　また，誕生会は，誕生日の個人を祝うだけではなく，「一人ひとりの誕生をも祝い合う温かな集団」としてのクラスをつくっていくことにもつながる。

（2）「振り返る」学びの力

　日々忙しくしていると「一日を振り返る」ことすらできないし，しなくなってしまう。しかし，人間は日々の暮らしの中で起こる様々な事柄や出会いなどによって成長・発達を重ねているのである。近年は，国語科の作文指導でも生活を見つめて書く機会が減ってきている。生活科の「誕生・成長」の学習は，こうした状況の中にあって，自分が産まれてからいまに至るまでに，どんな姿があり，周囲の人とともにどのようなドラマを重ねてきたのかを「振り返り」，知ることになる。

　そのことは1つ目に「振り返る」「過去にさかのぼって調べる」学び方を獲得していくことになる。2つ目は，自分自身の中にも「成長」してきた事実があったことを知ることになって自己肯定感を育んでいくことになる。3つ目は，その個々人の成長の姿を交流していくことで，個人差はありつつもある程度人間の発達していく姿や時期には共通性があることに気が付いていくことになる。「発達」への関心の芽を養っていくことにもなっている。4つ目は，成長の過程を知り合うことを通して，大病や大きなけが，障がいを乗り越えてきた，あるいはいまも懸命に生きている姿を理解し合うことにつながるのである。

（3）父母も一緒に「誕生・成長」を見つめる

　近年，親子の関係がギクシャクし，悲しい事件にまで至っているケースがみられる。そこには様々な要因があるが，ついつい親が子どもに対して様々な要

求をしてしまいがちであることもその一つだろう。その際，その要求に対して「できる子」はよいが，「できない子」はますます親からの要求がエスカレートしてしまう。そんな構図がみえてくる。

　そうしたとき，改めて「誕生のときの感動」に立ち戻ってみることも大切である。生活科の「誕生・成長」の学習はそうした事実を調べ確かめていく学習だからこそ，親の協力なしには成立しない。そうなると，子どもたちの調べ学習でありながら，父母もわが子の「誕生・成長」してきた姿と，そこに自分たち親や様々な人々の支えがあったことに，改めて気づくことになるのである。それが本来の目的ではないが，この学習の豊かさが親子関係の修復や絆の深まりにつながっていくことが実際にある。

2 「誕生・成長」の学習に取り組むまで

　以下は，筆者が実際に取り組んできた「たんじょう」の学習の展開である。

【学習のねらい】
① 自分が生まれてからこれまでの8年間の成長を知る。
② 自分が生まれるまで（受精・妊娠からお母さんのお腹の中での様子や変化）を知る。
③ 自分の誕生・成長だけではなく，友達の誕生・成長についても知る中で，家族の思いを受け止めたり，みんなが多くの人との関わりの中で成長していることを理解したりする。

【指導計画】
〈第1次　ぼく・わたしの絵本をつくろう〉
① 子どもへのよびかけ「自分の8年間の絵本をつくろう」……………… 2h（hは時間数）
　・赤ちゃんの頃していたこと
　・赤ちゃんのことで知りたいこと
② 絵本のプランづくり…………………………………………………………… 3h
　・聞いてみたいこと（インタビューの項目）
　・自分の記憶の中で絵本の中に書きたいこと
　・絵本の設計図を考える
③ インタビュー………………………………… 各自各家庭で（2週間程度の期間）

④　絵本づくり……………………………………………………………… 11h
　　　　・インタビューしたことの交流
　　　　・絵本のページを書いていく
　　⑤　できた絵本の読みあいと感想交流……………………………………… 1h
〈第2次　生まれてからこれまでの成長の学習〉……………………………… 2h
　（インタビューの内容と絡ませながら，絵本づくりと並行して取り組んだり，生活発表の中で
　　扱ったりすることもある。）
　　①　生まれたときの身長と体重といまの自分たち
　　②　ハイハイ・立つ・歩く・初めてしゃべった言葉など
〈第3次　ぼく・わたしの誕生〉
　（子どもから出された疑問やインタビューの結果をもとにしながら取り立て授業として扱う。
　　絵本づくりと並行して取り組む場合もある。）
　　①　お腹の中の赤ちゃんと成長…………………………………………… 4h
　　　　・お腹の中の赤ちゃんの様子を想像してみよう
　　　　・お腹の中の赤ちゃんの成長
　　　　・へそのおの役割
　　　　・赤ちゃんはどこから生まれるか
　　②　赤ちゃんの命のもと・男の子と女の子の体…………………………… 2h
　（子どもたちの中にある「どうやって赤ちゃんができるの？」の疑問に応えるとともに，自分
　　の大切な場所があり，嫌だと感じたら見せたり見られたりすることを拒否してよいことを学
　　ぶ。授業は担任だけでなく養護教諭の力を借りてもよい。）
　　　　・受精，性交
　　　　・プライベートゾーンの学習
　　③　子どもたちから出されたその他の疑問に答える授業……………… 2h
　　　　・男女はどのように決まるのか
　　　　・ふたごはどうしてできるのか　　など
　　④　ゲストを招いての授業……………………………………………… 特別授業
　　　妊娠中のお母さんに話をしに来てもらったり，障がいをもつ子の家族に話をしてもらい理解
　　を深めたりする。

（1）この学習で大切にしたいこと
①　命の誕生について科学的に学ぶこと
　　2年生という発達段階なので，まだ自分が性の主体者である意識はないであ
　ろう。しかし，過去の実践を振り返っても，科学的に事実として生命の誕生を

受け止めることはできると確信している。また，この時期だからこそ素直な疑問も出てくる。子どもたちが一番知りたい「自分はどこから生まれてきたのか」「自分の命のもとは何か」といった疑問を柱にしながら学習を組んでいくことが大切である。

② クラスのみんなと交流すること

自分の生い立ちを追いながらの学習なので個人的なものではあるが，個別に調べてまとめるだけに終わらせるのではなく，届いたものや情報を交流することまでを念頭に置いて，時間をたっぷりとりたい。そのことにより，友達が自分と同じような状況だったことや考えもしなかった状況をくぐってきたことを知ることができ，自分だけではなく友達の成長への理解を深めることにつながっていく。

③ していいこと・いけないこと

素直な分子どもたちは何でも聞きたがる。誕生にまつわることは大人にとっても大切にしたいことでもあるので，いつでもどこでも聞いてよいものではないことを伝えておきたい。相手のことや時間や場所を考えて話題にしなくてはいけない。また，聞かれていやなこともある。ふざけて聞くような内容でない話の場合もある。この学習を通して，「相手のことを考える」「そのとき・その人にふさわしい聞き方がある」などの学習マナーがある，ということも子どもたちに理解できるようにしていきたい。

（2）保護者の理解

この学習を進めていくにあたって欠かせないのが，保護者の理解を得ておくことである。子どもたちがインタビューをすることも，思いを語ってもらうことも，保護者の理解なしには成り立たない。学習を始める前に，しっかりとねらいを伝え，保護者の不安や疑問にも丁寧に答えておくことが大切である。担任が子どもたちの日頃の学習の様子を語ることも大事だが，できれば学年全体で学習会（講座）を開き，共通の認識をもった上で進めていくことが望ましい。

学習会を開く場合は，「学習のねらい」「指導計画」とともに「大切にしたい

こと」を伝えるとともに、取り立て授業の内容は授業で実際に使う教材も示しながら保護者に理解してもらうことが大切である。とくに、命の始まりである「受精・性交」については触れづらい内容かもしれない。でも、子どもたちは興味本位ではなく真剣に知りたがっていること、この時期だからこそ科学的にきちんと学んで理解することができることを伝えておきたい。

また、「家庭で取り組んでほしいこと」として、赤ちゃんの頃の物や写真があればそれを見せながら語ってほしいなど、できるだけ具体的な事例を示して丁寧に説明することで、保護者にもイメージをもってもらいたい。そして、この機会に家族で子どもの誕生や成長を振り返り、改めてこの世に生まれてきたことを喜び合ったり一緒に学んだりする機会になることも願っていると伝えている。

(3) 配慮すべきこと
① 家族の形態・事情は様々なので決して無理に進めない
　誕生にまつわることは、家族の関係に深く関わるデリケートな内容でもある。離婚や死別など家庭の状況はそれぞれである。家庭によっては触れたくないことが出てくるかもしれないし、気軽にインタビューに答えられない場合も出てくる。クラスの子どもたちの状況にもよるが、一人親の家庭や複雑な事情を抱えている家庭がある場合は、学習のねらいを理解してもらうのと同時に、どのように関わってもらえそうか事前に打ち合わせをしておくことが必要だろう。

　家族へのインタビューが大きな割合を占める学習でもあるので、学習が始まってからも家庭との連絡は丁寧に取り合いたいし、心配なことがあれば担任や保健室に相談できる体制はとっておきたい。

② 障がいをもつ子がいる場合はとくに保護者と打ち合わせながら進める
　障がいをもつ子がいる場合、親がわが子に語るときに障がいそのものに触れるのかということや、クラスで「どうしてお耳が聞こえなくなったの？」などの話題が出たときにどう対応するのかなど、状況に応じて丁寧に打ち合わせをする。クラスで話してもらうことに意味があると思われる場合には、理解を深めるために保護者に教室に来て語ってもらうことも視野に入れながら進めていく。

③ 学習の様子を丁寧に家庭に伝える

　あらかじめ保護者への説明をしているからこそ，実際の授業がどのように行われているのか，子どもたちがどのように学習に向かっているのかは，保護者も知りたいはずである。「受精・性交」などの取り立て授業は，積極的に授業参観で公開し，子どもたちと一緒に学ぶ機会にしてもよい。また，保護者会があればそこで学習の様子を語ってもよいし，学級通信を活用してもよい。とくに，授業の内容だけでなく，子どもの声や感想を丁寧に伝えることは，学習が子どもの疑問に沿って自然に進められているものであり，その中で深く学習している様子がわかり，安心して協力してもらえることにつながっていく。

3　「誕生・成長」の学習の実践例

(1) 導入の学習

① 「自分はどんな赤ちゃんだったの？」

　導入では，「赤ちゃんの頃みんなはどんなことをしていた？」と聞いてみることにしている。

　ハイハイしていた，お母さんのおっぱいを飲んでいた，いつも寝ていた，おしゃぶりをしていた，よだれをたらしていた，何でもなめていた，おむつをしていた，などなどたくさん出される。子どもたちみんなに共通していることなので，「わたしも！」「ぼくも！」とたくさん手が挙がる。

　他にも，車のことを「ブーブー」と言っていた，サ行とタ行が混ざって「ゴミちゅうちゅうちゃ（ゴミ収集車）」と言っていた，犬のことを「ワンワン」と言っていた，といった言葉に関することや，アンパンマンが好きだった，段ボールに入って遊んでいた，お人形を投げたり，なめたりしていた，というように，好きだった物や遊びに関することもたくさん出された。

　自分の記憶に残っていることもあると思われるが，家族に聞いたり写真が残っていたりするのだろう，発言が止まることがないほどだった。そして，みんな同じようなことがあったんだなあということがわかると，さらに「リビン

グやお風呂でうんちをしちゃったんだよ」「食べ物を手でぐちゃぐちゃにしちゃってた」「おむつがえのときにおしっこしちゃってママの顔にかかちゃったんだって」という話まで飛び出し，これからの学習の動機づけになった。

　このようなやりとりをきっかけとして，赤ちゃんや自分の誕生について興味が湧いてくる。

② 赤ちゃんのことで知りたいこと

　赤ちゃんの頃のことをひとしきり交流した後は，これからの学習の流れについて話をする。ねらいに則して「生まれてからこれまでの成長を自分の記憶や家族へのインタビューを通して知ること」「それを1冊の絵本にまとめる」ということを伝え，インタビューで質問することも自分たちで考えようと提案する。

　そして，この時点で赤ちゃんについて知りたいことや疑問を考えてみる。子どもたちは，こちらの予想以上に様々なことを知りたいと思っていて，たくさんの「知りたいこと」「ふしぎなこと」「ぎもん」が出される。

　なんで「赤ちゃん」というの？，赤ちゃんはなんで小さいの？，赤ちゃんはどこから生まれてくるの？，赤ちゃんはなんですぐ立てないの？，など，このときは20近くの疑問が出された。

　これをもとに一人ひとりプリントに書かせてみると，お母さんのお腹の中でごはんはどうするのかな？，食べ物もないのに赤ちゃんはお腹がすかなかったの？，赤ちゃんはどうしてお腹の中にいたの？，トイレはどうしていたのかな？，お腹の中でお母さんと赤ちゃんのおへそがつながっているって聞いたけどどうしてかな？，どうして赤ちゃんはお腹の中でいけるのかな？，赤ちゃんが生まれるとき，なんでお母さんは痛いの？，など，さらにたくさんの疑問が出された。

　これらを交流し，〈お腹の中のこと〉〈生まれるときのこと〉〈生まれてからのこと〉〈その他〉に整理し，これらのことを盛り込みながらインタビューの内容を決めていくことにした。最初に「赤ちゃんは小さいということはわかるけど，どのくらいの大きさだったのか」を知るために，「生まれたとき自分がどのくらいの大きさだったのかを聞いてみよう」ということになった。そして，大きさを聞くのと同時に，赤ちゃんのことでわかったことがあったら何でも報

第11章　自分の成長を見つめる

告してもらうことにした。ここでは「情報カード」というものを用意して、いつでも好きなときに書いて発表したり、何か実物を持ってこられたらそれを見せて発表したりするように呼びかけた。

③　生まれたときの身長・体重

　忙しい親も多いので、土・日を利用して聞けるようにするなど、期日に幅をもたせて調べてこられるようにした。半数くらいが月曜日に「聞いてきたよ！」と発表してくれた。なかなか調べてこない子どももいるが、友達の報告に触発されて調べる気になったり、学級通信で授業の様子を伝えることで、家庭でも意識して母子手帳を出してくれたりと、徐々に動き出していく感じである。

　「身長は50cm、体重は2940g」と子どもたちは聞いたまま報告してくれるが、数字を聞いただけでは実感がわかない2年生なので、身長の長さに切った紙テープを模造紙に貼ったり、マジックで線を引いて示したりするなど目に見える形で表すようにした。

　体重は、同じ重さのものを全員分用意するのは難しいので、3000gくらいの重さの袋をつくって実際に子どもたちに抱っこさせ、生まれたときの大きさが実感できるようにした。また、「自分の体重と同じ重さのぬいぐるみ」が持ち込まれることもあるので、そうしたときはそれをうまく利用させてもらって「自分はこれより重かった」「もっと軽かった」と実感できるようにした。

　こうして実感したりイメージしたりする教具を用意したことで、生まれたときの背の高さがわかった、すごく小さいと思った、思ったより重い、クラスで一番小さく生まれたのにいまはちがう、○○ちゃんと同じ身長だったのにいまはずいぶん違う、など、実感できたからこその声をあげていた。そして、いまは赤ちゃんのときより大きくなっていてびっくり、いまの身長と全然ちがってびっくりしたよ。すごくたくさん変わったんだね、というように、「生まれてから今日まで自分は確実に成長していること」を共有することもできた。

④　赤ちゃんの頃のものの発表

　子どもたちに呼びかけた後、毎日様々な物が持ち込まれ、発表されるようになった。身長・体重調べと並行して「発表の時間」（本書第2章参照）をたっぷ

りとった。

　子どもたちは「赤ちゃんのころ着ていた物」「使っていたおもちゃ」「写真」「へそのお」などを次々と持ってきた。洋服はどれも小さくていまはとても着られず、「こんなに小さかったんだ」ということを改めて実感したり、いまでは遊ばなくなったものを懐かしんでいたり、と実にほのぼのとした時間である。

　届いたものは家の人の許可をもらった上で掲示板に展示し、遊んでよいものはロッカーの上などに置いて使わせてもらったり、貴重なものは写真にして貼り出してみんなでしばらくの間、眺められるようにしたりした。とくに「赤ちゃんのころの写真」は、いまの様子との違いに驚くことも少なくなかった。「あのやんちゃな〇〇君もこんなときがあったんだねえ」としみじみと見られていると、本人はちょっぴり照れくさいけれど嬉しいようである。

（2）インタビューから絵本づくりへ
① どんなことをインタビューするか

　生まれたときの大きさ調べ、発表、赤ちゃんについての情報を交流しているうちに、絵本づくりを進めるためのインタビューの中身も、大きく分けると「お腹の中にいたときのこと」「生まれるときのこと」「生まれてからのこと」に、だんだん絞られていった。

　この大枠からさらに、生まれてからのことは「赤ちゃんの頃のこと」「幼稚園や保育園までのこと」「小学校入学からいままで」と区切って聞いてみることにした。

　目の前の子どもたちとのやりとりの中で多少内容は変わっていくが、「生まれてからいまに至るまでの絵本づくり」というテーマがあるため、大体このようなインタビュー項目になることが多い。また、全員で共通の項目にすることもあれば、自分で好きなように項目を考えることもある。

【例】（漢字表記できるものは筆者が変換した）
・お腹の中にいたときのことで覚えていることはどんなことですか？（うれしかったことや大

第11章　自分の成長を見つめる

　　変だったことなど）
- 生まれるときの様子はどうでしたか？
- おっぱいやミルクはよく飲みましたか？
- 赤ちゃんのころ，病気やけがなどはありましたか？
- 赤ちゃんが生まれてどんなことが変わりましたか？
- ことばをしゃべり始めたのはいつごろですか？　どんなことばでしたか？
- 立ったり歩いたりしたのはいつごろですか？
- 1才のころの出来事で覚えていることはありますか？
- 2，3才のころどんなことがありましたか？
- 幼稚園や保育園のころの思い出は？
- 赤ちゃんのころ好きだったものや好きだったことはどんなことですか？

　大体以上のような中身にまとまっていく（図11-1）。他にも「自分で考えた質問」を加えたりもする。

　インタビュー項目は結構盛りだくさんなので，インタビューは冬休みにじっくり時間をとって取り組めるよう進めている。家庭にも改めて協力を呼びかけ，できるだけ具体的に話をしてもらえるようお願いしている。

② 絵本の目次づくりへ

　こうして冬休みにインタビューして聞いてきたことを順番に発表する。時間があれば聞いてきたことをすべて発表してもよいのだが，項目が多い場合はいくつかポイントを絞って発表してもよいだろう。友達の発表を聞いて質問のやりとりをすることで，さらに家の人に聞いてみたいことが増えたり，聞いてきたことがよくわかっていなかったことに気づいて聞き直してきたりもする。

　そして，インタビュー内容の交流と並行して，絵本づくりにも取りかかる。

　最初に計画を立てる。これまでの発表やインタビューしたことをもとに，目次を考えて絵本に盛り込む内容を自分で決めていく。

【例】
1）生まれたときの様子（日時・体重・身長・家族の気持ち）
2）赤ちゃんのころ大変だったこと（病気・けが）
3）1才までのこと（出来事・好きだったこと・初めて立ったこと）
4）2才のころのこと

9）2年生になってからのこと
10）将来の夢
11）家族からのメッセージ

このように大体の目次を子どもと一緒に考えていく。書いていくうちにさらにつけ加わったり，カットしたりすることもある。

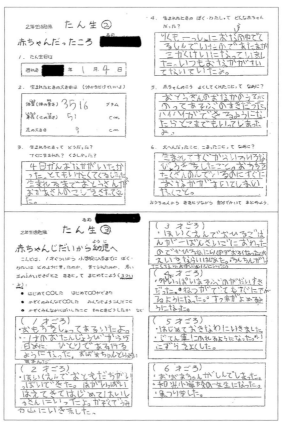

図11-1　おうちの人へのインタビュー例

③　絵本づくり

絵本はB5版の大きさに切ったケント紙を半分に折り，その内側に自分が絵

第11章　自分の成長を見つめる

図11-2　絵本の1ページ

本として書きとめておきたいことを，目次に沿って1枚ずつ書いていく。だいたい10〜12枚書いているが，子どもによってはさらにページ数が多くなる場合もある。1ページのつくりは，一方が絵（写真を使うこともある），他方が文章という形式がわかりやすいようである。全部書き上がった子は，表紙と裏表紙にタイトルや自分の名前などを書く。そして，書いたものを順番に背中合わせにして貼っていき，1冊に仕上げていく（図11-2）。

（3）子どもの疑問に応える取り立て学習

取り立ての授業は，子どもの疑問とも合わせて計画を立てていくことに意味がある。「どこから産まれてくるのか」「お腹の中でどうやって息をしたりご飯を食べたりしているのか」「赤ちゃんはどのようにしてできるか」については毎年出てくる疑問でもある。このような疑問を大事にして学び合ってこそ「深い学び」となる。ぜひ授業の中で取り上げたい学習である。

どのように取り組んだか，例をあげて紹介したい。

① お腹の中の赤ちゃん

「インタビューで聞いたこと発表」が始まると，たとえば，「お腹の中でお母さんのお腹をけっていた」とか，「じぶんは逆子だった」とかいうことも話される。そして，エコー写真やへその緒が「発表」に登場することもある。家の

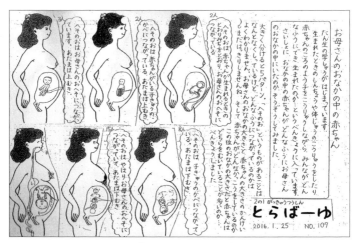

図11-3 「お腹の中の赤ちゃん」想像図

　人から聞いたのだろう,「へその緒でお母さんとつながっている」ことを知っている子もいる。しかし,実際にお母さんのお腹の中で赤ちゃんがどのような状態でいるのかは,よくわかっていない。

　そこで,子どもたちがどんなふうに想像しているのかをつかむために,「お腹の中の赤ちゃんの予想図」を描かせてみた。子どもたちが描いたものを見ると,大体5パターンに分けることができるようだった（図11-3）。そこで,それを黒板に並べてそれぞれの絵を見ながらやりとりをした。すると,「赤ちゃんの向きが上向きと下向きがある」「へその緒がお母さんのおへその裏側につながっている」「赤ちゃんはまっすぐ立っている」「赤ちゃんは膝を曲げている」など様々なことに気がつく。

　そしてこの後,赤ちゃんのいる場所を「子宮」ということや,「へその緒」「胎盤」について教具や絵で見せながら学習をした。「へその緒」というくらいだからおへそとつながっていることは想像がつくが,自分のおへそから「胎盤」というものにつながっていたことは初めて知ることだ。赤ちゃんの周りには「羊水」というものがあって,その中で浮いている状態だということや,栄養だけでなく酸素も胎盤からへその緒を通ってもらっているということも学ぶ。

② お腹の中の赤ちゃんの成長と出産

　子どもたちが描いた絵を見ると，赤ちゃんの大きさも姿勢も様々である。そこで，実物大の絵を見せながら，赤ちゃんが成長するさまを見ていった。

　最初に「赤ちゃんの始まりの大きさ」がどのくらいか知ってもらうために，画用紙に針で穴を空けたものを全員に配って覗かせてみた。すると，「これが赤ちゃんが最初にできたときの大きさ（受精卵）なの?!」と驚きの声が上がった。自分の命の始まりがこんなに小さいところから始まったとは想像できなかったのだろう。

　そこから1カ月ごとに赤ちゃんが育っていく様子がわかるように，順番に絵教材を見せていった。しばらくは上向きだった赤ちゃんが，8カ月くらいに育つと下向きに変わることに気づく。そして10カ月にかけてどんどん大きくなっていることにも気がついていった。

　赤ちゃんがどこから生まれてくるのかでは，「おしり」「お腹を切って」という意見が必ず出る。そこで，お母さんの体には「産道という赤ちゃんの通り道」があること，赤ちゃんが大きくなると「子宮」が縮まって外に送り出そうとすることを，絵教材を使って理解できるようにしていく。

　なかには逆子で生まれたり，帝王切開で生まれたりしたことを聞いている子どももいるので，状況に応じてお母さんのお腹を切って生まれてきたり，足から生まれてきたりする場合があることにも触れた。

③　受精・性交

　ここでは大きく3つに分けて授業の内容を組んだ。

○排卵・受精

　まず，男女の体の仕組みについて学習した。2年生でもあり理解できないこともあるので，「卵子は女の人の卵巣から1カ月に1個送り出される。しかも1日しかもたない」「精子は男の人の精巣でつくられ1度に1〜2億出される」ことを，絵教材を見ながら理解できるようにしていった。

○受　精

　次に受精である。精子がお母さんのお腹の中（子宮）に送り込まれるわけだ

が,「1〜2億もの精子のうち卵管にたどりつける精子は100くらいで,卵子の膜をやぶって中に入れるのはたったの1つだけ」であることを,これも絵教材と模型を使って理解ができるようにした。想像もできない確率で自分たちの命が始まったことに子どもたちは驚く。

　すると子どもたちは決まって「受精のことはわかったけど,お母さんのお腹にどうやって精子を送るの？」という疑問を投げかけてくる。そこが最大の謎でもあるので性交について,続けて学習する。

○性　交

　動物や虫の「交尾」のことを知っている子どももいるので,動物の交尾の様子がわかる絵教材や写真を見ながら,人も同じように,男の人の「ペニス」を女の人の「ワギナ」に挿入して男の人の精子を女の人の子宮に送り込んでいる事実を話し,人の場合はそれを「性交」と呼んでいることを教える。こうして子どもたちは,動物の交尾と同様に,人間も性交によって受精し,その受精卵が育って赤ちゃんになっていくのだということが,ようやくわかって満足していく。

　「知らないことを知ることができてすっきりした」
　「卵子と精子が合体して赤ちゃんができることがわかったよ」
　「ペニスをワギナにさしこんで精子を出すことがわかったよ」
など,子どもたちの感想の声や,書かれたものを読んだりして,ようやく「謎」が解けたことが窺える。

　しかし,2年生だと「うちは3人兄弟だからお父さんとお母さんは3回性交したんだ」とか,「性交＝結婚」などと思っているようなところがある。人は生殖のためだけに性交するわけでもないことや,性交したからといって必ず妊娠するとは限らないことなど,「ふれ合いの性」についても触れる必要があるが,すべて生活科で行っておしまいということではなく,さらに学年が上がっていっても,総合的な学習の時間を使うなどして改めて学んだり,考え合ったりしていくことが大切である。

　この他にも「どのように男女が決まるのか」「ふたごはどうやってできるか」

「プライベートゾーン」についても取り立て授業をすることもある。その順番や内容については，子どもの実情や関心の強さに合わせて考えてよい。また，学年一緒に学んだり，養護教諭に取り立て授業を担ってもらったりするなど，様々な工夫ができる。

引用・参考文献
松村富代著，江頭路子絵，野原士郎監修（2014）『もっと知りたい！赤ちゃんのこと① おなかのなかの赤ちゃん』岩崎書店．

学習の課題
(1) 「誕生・成長」について，8社ある生活科の教科書ではどのように扱われているのか，見て読んで調べてみよう．
(2) 子どもが主体となった「誕生・成長」の授業記録が綴られている実践記録も読んでみながら，低学年の子どもたちはどんな事柄に関心を向けていて，それをそれぞれの教師がどう受け止めて授業化しているのか調べてみよう．
(3) とくに，性交については正しい認識をもっているとは限らない．この機会に「自分らしく生きることと性」について深める本を読み，自分なりに教養を高め，判断ができる人間になっていくようにしよう．

【さらに学びたい人のための図書】
浅井春夫ほか編著，勝部真規子絵（2014）『あっ！そうなんだ！性と生』エイデル研究所．
　⇨子どもが読んでもわかりやすい上に，後半部分の大人向けに書かれた解説は授業づくりや教材作りに大いに役立つ．
山本直英ほか編著，木原千春画（1992）『性の絵本』全5冊，大月書店．
　⇨性にまつわる疑問に科学的に答えてくれると同時に，自分のこれからの成長に見通しがもてる．
メイル，ピーター著，ロビンス，アーサー絵／谷川俊太郎訳（1974）『ぼくどこからきたの』河出書房新社．
　⇨問いに正面から答えてくれてとてもわかりやすい．小さな子どもだけではなく大人も学べる一冊である．

（鎌倉　博，松本あゆみ）

第12章 家族を見つめる
──様々な家族の中で学ぶ

この章で学ぶこと

とくに低学年では、子どもの生活をまるごと捉え、学習も生活もつくっていくことを大切にしたい。その意味で「家族」は子どもの生活の中心であり、そこからものの見方や考え方は広がっていく。この章では「家族」や「お家の人」を学習に位置づける意味について実践的に考えていきたい。また、「家族」を通して学ぶことは、「お家の人」とともに子どもを育てる土台をつくることにもつながる。そのとき、教師や学校の役割は何なのか考えていきたい。

1　「ぼく・わたしの家族を紹介します」

(1) まずは「自己紹介」から

　入学式が終わってまず最初に行うのは学校探検。学校にはどんな場所があってどんな人がいるのかを知る。このことは、1年生にとって活動に少し見通しをもったり、安心できたりすることにつながる。同じように、教室での「自己紹介」は、新しい友達のことを知り合うとても大切な時間となる。そこで、「自己紹介」はなるべく早く取り組むことにしている。

　まずは簡単な「自己紹介カード」を用意して、自分の名前、好きな色、好きなもの、好きなことをお家の人といっしょに書いてきてもらう。そして「みんながどんな人なのかよく話を聞こうね、自分と同じことがあるかもね。名前も覚えられるかな」と子どもたちに注意を促したのち、一人ひとりが発表していく。毎日5名ずつくらい、約10日間くらいかけての取組みになる。

　「自己紹介」はたとえばこんな具合に進む。「ぼくの名前はNです。好きな色

は黄色です。好きなものは本です。好きなことは自転車で丘を下ることです！」。簡単な自己紹介だが，他の子どもたちはいろいろなことを話す。「黄色が好きなのぼくとおんなじー！」「どうして丘を下るのが好きなの？」「気持ちいいから」「ぼくも自転車好き！」と一人ひとりに質問や感想が出る。質問してくれること自体がうれしい様子で，みんなが自分の出番を楽しみに発表は進んだ。

「自己紹介カード」と一緒に，教室にはいろいろなものが届く。「これは，ぼくの飼っているカブトムシの幼虫です。うちに12匹いて，生まれたら対決させます。見にきてね」「これは，昨日捕まえたザリガニです」「このお人形（キツネの人形）は，小さい頃から一緒に寝ているヘレンちゃん」……。発表でものが届くと，集中感もぐんと高まって，そのやりとりはさらに活発になる。

学級通信でそんな様子を伝えると，お家でも話題になって連絡帳が届く。「昨日の自己紹介で得意の空手を見せてくれたA君から空手の型を教えてもらったようで，私に見せてくれました。なかなか勇ましく笑ってしまいました。早くも友達といろいろ楽しんでいる様子がわかってうれしかったです」（C子母）。「Fちゃんの発表を聞いて，来週の日曜日にザリガニ釣りに行くことになりました。いままで生き物を飼ったことがなかったのですが，挑戦してみようかと思います」（B太母）。

自己紹介は子どもたちのいろいろな関係をつくった。折り紙のつくり方を教えたり，いっしょに虫を捕まえに行ったりして，学校だけでなく家庭にも子どもの関係が広がっていっているようだった。

（2）「ぼく・わたしの家族を紹介します」

しばらくして1年生の始めの学級懇談会を行った。入学してからのわが子の様子が交流された。やはり「自己紹介」のことは家庭でもよく話題になっていたようで，友達との関係が広がるきっかけになったり，お家でザリガニ釣りに行ってみる機会ができたりいろいろなことが語られた。そこで，私から「子ども同士だけでなく，お家の人同士も紹介し合いませんか？」と「家族紹介」を

提案した。「どんなことを書いてもかまいません。自分の家族のことがわかるようなことを書いてください」と話した。

書くことを細かく決めずに提案したのは，お家の人によって紹介したいことの幅も違うし，家族の形も様々だからだ。そして，子どもと一緒に書いてもらうようにお願いした。それは，やはり子どもが教室で発表したいと思うことを大切にしたいからだった。もちろんお家の人の知恵を借りながらだが。お家の方にも「これから一緒に子どもたちを育てていくのだから」「みなさんのことをもっと知り合えたら」と賛成してもらうことができた。B6の用紙1枚に書くこと。書くのは子どもでもお家の人でもいいことにした。

家族紹介には次のように，それぞれいろいろなことが書かれた。

- お家の人の好きなもの（スポーツ，食べ物，趣味など様々）
- 家族の得意技，苦手なこと
- 一緒に住んでいるおじいちゃんが頑固だけどとてもやさしいこと
- おうちで飼っている生き物
- お兄ちゃんは喧嘩するけど頼りになること
- お家の人の仕事
- 家族の習い事
- 休みの日によく家族でやること（サイクリング　キャンプ　昼寝などなど）
- 家族の似ているところ
- 家族の悩み
- 家族の夢

教室で子どもたちは，書いてきたものを見せながら家族の紹介をしていく。やっぱり質問したいことや話したいことがたくさん出てくる。

「ぼくのお母さんのこわい話を2つ紹介します。1つはお母さんが寝ていたとき，ムカデにかまれたこと。もう1つは退治しようとしたゴキブリが飛んだことです」(R)。「幼稚園のとき，草むらをつかんだらムカデがいたよ」(S)。「どうして草をつかんだの？」(Y)。「虫をさがしてた」(S)。「どこでかまれたの？」(N)。「寝ているとき」(R)。「痛かった？」(N)。「痛そうだった」(R)。「かわいそう」(みんな)。「私のお母さんもゴキブリが苦手」(K)。「でも

ね，ゴキブリを食べてくれるクモがいるんだよ。アシナガグモ」(M)。「へえ〜」「知ってるー」……。

「今日お家のお花を持ってきました」(H)。「なんて名前？」(A)。「シャガ」(H)。「私の家にもお花があるよ。パパが植えるの」(T)。「どんな種類？」(S)。「チューリップ」(T)。「なんでお父さんが植えるの？」(B)。「係だから」(T)。「私のお父さんはゴミ捨てが仕事」(H)。「ぼくんちのお父さんはトランペット，お母さんはピアノを弾くよ」(O)。「ぼくのお父さんは先生」(R)……。

家族紹介を進めているのだが，興味関心は揺れ動き，いつも少しずつズレたりつながったりしながらやりとりは進む。このやりとりが面白い。言いたいことが言える教室の雰囲気づくりにつながっていく。この発表を続けていくうちに，同じ質問でもいろいろな答えが返ってきたり，自分と同じだったり違ったりすることが楽しかったようだった。

家庭にも冊子になった「家族紹介」と子どもの交流の様子を書いた学級通信が届くようにする。それを見て，やっぱり家でも「わが家と同じだね」「これ，面白いね〜」と話題になり，その様子が連絡帳でまた届く。そしてまたそれを学級通信で紹介する。

(3)「お家の人」と子どもを育てる機会を多様に

お家の人と子育てを共同していくことは，とても大切なことだと思う。もちろん，学校でしかできないこともあるが，子どもの生活は学校がすべてではない。子どもの一番身近なお家での生活は，子どもにとって生活の中心であり，その生活の中で実際たくさんのことを学んでいる。とくに低学年では，子どもの生活を丸ごと捉える中で，学習も生活もつくっていくことを大切にしたい。それは自分の生活に近いものからものの見方や考え方を広げ，学んでいくことがとても自然なことだからだ。また，お家の人と子どもを育てる機会を多様につくることは，子ども同士をつなげるだけでなく，学校と家庭のつながり，そしてお家の人同士のつながりもつくることになる。

2 「お家の人の仕事インタビュー」

(1)「お家の人の仕事」から1年生に捉えさせたいこと

　この学習ではお家の人の「仕事」を扱う。それは、「家事」ではなく、外で様々な人と関わりながら働く"労働"として考えた。お父さん、お母さん、おじいちゃん、おばあちゃんといった子どもたちにとって身近な人を通して「仕事」を学ぶのである。

　子どもたちは生活の中で、お店でものを売っている人、図書館で本を貸してくれる人、バスの運転手さん、学校の先生、動物園の飼育員さんなどなど、たくさんの働く人と接している。しかし、ほとんどの子どもは働く人としては意識していないのではないだろうか。この単元では、働く人に光を当てて、自分たちの生活がいろいろな人たちによって支えられていることや、働く人の技や工夫、その人の思いなどに少しでも気づいていけるようにしたい。

　1年生のこの時期に仕事・働くことを捉えるには、「どんな場所で」「何をつくる・やる」「どんな道具や服装」などの特徴を摑むことが大切だと考える。仕事の中身の理解が完全でなくてもその仕事ならではのことや、他の仕事と似ているところや違うところを捉えたり、扱うものやことを知ったりすることはできる。

　具体的な仕事の中身や働く人への聞き取りを通し、働く人を捉えていきたい。子どもたちから見えづらくなっている「仕事・労働」を、子どもの視点、子どもの疑問から感じ取れるようにしていきたい。そこで、インタビュー形式で聞き取りをし、発表、交流を行い、その中で「どんな場所で」「何をつくる・やる」「どんな道具や服装」などから、その特徴を摑み取らせたい。

　「お家の人の仕事」では、自分が聞いてみたいことや知りたいことをお父さん、お母さん、おじいちゃん、おばあちゃんなど身近な人にインタビューし、発表し、交流していく。

　1年生にとって「仕事」を学ぶ「ねらい」を次のように考えた。

① お家の人がどんな思いで仕事をしているのか知り，1年生なりに家族を見つめさせたい。
② お家の人がどんな仕事をしていて，その仕事にどんなうれしさや大変さがあるのかを知る。
③ 身近な人から学ぶので，知りたいことや聞きたいことを自分から考えることを大切にする。
④ 学級のお家の人の仕事の発表から，世の中には様々な仕事があることを知る。

子どもたちは生活の中で，お家の人がどんな仕事をしているのか話す機会は，多いとはいえないのではないだろうか。大人からみれば子どもにとって理解することが難しいだろうと思ってしまうかもしれない。しかし，お家の人の仕事を紹介し合ってみると，子どもにとって聞きたいこと，知りたいことはたくさんあるのだ。

（2）インタビューと「発表」——学習の計画

この単元は，3学期にインタビューという学習課題を取り入れて行った。そして聞き取ったことは学級で発表し合うことにした。インタビュー用紙をつくり，みんなで共通に聞くことと，その子が聞きたいことも書けるようにした。授業を行うに当たって教師は，あらかじめインタビュー用紙を読み，授業で取り上げたいポイントやキーワードを押さえる。お家の人には，仕事に関する道具や製品，服装や材料など持たせてもらい，発表から仕事をイメージしやすいように協力してもらった。

【学習計画】
〈1年生生活「お家の人の仕事インタビュー」（全12時間）〉
① 「お家の人の仕事インタビュー」の提案………………………………… 1h
  ・「先生」をモデルにして，インタビューする。
  ・インタビューの用紙を配り，書き込むことを伝える。
  ・家庭へは「学習のねらい」「インタビューの答え方（例）」「学校に持ってきていいもの

　　　　があったら持たせてもらうこと」を伝える。
　　② お家の人にインタビュー……………………………………… 家庭学習として
　　③ インタビューの発表……………………………………………………… 11h
〈1人の発表は10〜15分をめやすに〉
　　・子どもの名前，誰の仕事か，仕事の名前を板書する。
　　・仕事に使う道具や製品，服装や材料など，具体物があるときは，全体に見せてやりとりする。
　　・知りたいこと，聞きたいこと，感じたことなどを交流する。
　　※必要な場合は，発表の進め方など事前に子どもと打ち合わせをする。
　　※仕事の様子，技など，直接見て分かる仕事は，お家の人にお願いをして教室に来てもらえるか相談する。
　　④ 留意点
　　・学級通信で子どもの発表をていねいに紹介し，そのやりとりをリアルに伝えていく。
　　・仕事の何をどのように子どもたちが捉えたかなどを知らせる。

（3）「家事」という仕事

　「家事」を調べる際には気を付けることがある。「お母さん仕事」と言ってしまうことがよくあるからだ。母親が社会をつくる仕事に積極的に参加することは大切な権利である。また最近は，家族のあり方も多様で「主夫」という言葉もある。ジェンダーフリーが世界の流れの中で「家事」を扱う際には「お家の中をよくする仕事」とするなど，言葉として気を付けて実践を始めていくことが大切だ。

　その上で，あらかじめ「お家の中をよくする仕事」にはどのようなものがあるかを思い起こさせて交流する。そのことで，家事調べのイメージがもてるようになる。そうして家庭に帰って，おうちの人にインタビューしてきたり，観察してきたりしたことを書き込ませる。交流すると，「買い物」「お料理」「お掃除」「洗濯」「洗濯物干し」「洗濯物畳み」「お迎え」など，家族が快適に過ごせるようにするために，たくさんの仕事があることが見えてくる。

　そうして，それを誰が担っているかも交流してみる。すると，同じ「お掃除」でも，「お母さん」「お祖母ちゃん」「お父さん」「みんなで」など，家庭によって違うこともわかる。するとなおさら，家事は誰かが1人で担うことと決

まっているわけではなく，むしろみんなで協力したり分担したりしていくことが大切なのだということにも気づいていく。そうすることで，小学1年生でも，自分でできる家事に取り組もうという気持ちがわいてきて，実際にチャレンジしようとする子も出てくる。

近年は，団らんの場にホワイトボードを置いて，「どんな家事が必要か」を書き出して，誰がそれを担うか，あるいは実際に誰がやったかを，名前がわかる磁石を置いて，家族ぐるみで分担する工夫をしている家庭もみられる。

（4）社会をつくる仕事——一つひとつの仕事に新しい発見がある

「おうちの人の仕事」は「家事」だけではない。「社会をつくる仕事」もある。そこで，お家の外でどんな仕事をしているのかも調べて発表することで学びをつくっている。

ある年の学級では，社会をつくる仕事として次のようなお家の人の仕事が発表された。

保健師／鍼灸師／レストランのコーディネーター／車販売／自動車製造工場／出版社／電車が衝突しないようにする機械をつくる／お笑いタレント／保育士／不動産／テニス家／貧しい国の研究をする仕事／ネイリスト／テレビのカメラマン／和菓子職人／研究員／舞台のデザイン／設計士／電気配線工事／足場大工／エンジニア／雑誌の編集／板前／国会の速記／家具作り／介護士／教師／パソコン製造／プログラマー／洋服の販売

---

① 「相談して楽になるってやさしいね」——保健師さん

Hのお母さんの仕事は保健師。「どうしてその仕事を始めたのですか？」「人と接する仕事がしたかったから」「仕事の様子を教えてください」「赤ちゃんを産んだ後，産婦さんや赤ちゃんが順調かどうかお家を回ります」。Hはお母さんから「子宝づり」という道具を借りて持ってきてくれた。「これは何でしょう？」と四隅にひもが付いた布とバネばかりのようなものをみんなに見せた。「パラシュート！」「エプロン？」とみんな。Hは「これで赤ちゃんの体重を測ります」とパパッと組み立てると「すげ～！」とみんな。お家を回るのでこの

道具が必要なことに納得。「やっていて大変なこと，困ることはどんなことですか？」「大変なことは，困ってる人なのに相談したくない人がいることです」。するとみんなは「成長してるかどうか」「病気がないか」「お母さんのからだは大丈夫か」と産んだ後のことを心配した。「やっていてうれしいこと，よかったことはどんなことですか？」「赤ちゃんが大きくなったのを見ることと『ありがとう』と言われたときです」。そして「自分で聞きたくなったことは何ですか？」と聞くと「仕事で楽しいことは何ですか？　って聞いたら，困った人が相談して楽になったときと言ってた」とH。Sが「いいことだね。やさしいね」と言う。人を助ける仕事のいいところをみつけることができた。

② 「Kのお父さんの仕事とMのお父さんの仕事はつながってるね」
　　──設計士と電気配線工事

　Kのお父さんは建物の設計をしている。設計図を見せてもらうと「細か〜い！」とみんな。「何の建物？」「これはイケア（IKEA）」とK。「行ったことある！」と口々に言う子がいた。Kはイケアができるまでの様子を写真で見せてくれた。だんだんと建物が立っていく様子がおもしろい。7月の終わりから次の年の5月まで，10カ月もかかることを知ってびっくりしていた。「人に考えていることを正確に伝えることが大変」というお父さんに聞いた言葉にも納得していた。そして，Mのお父さんは電気配線工事の仕事。建物のどこに電気を通すか考えて，コンセントやスイッチをつける位置を設計する。みんなで教室の電気のスイッチやコンセントを見つけてみると，1年2組だけでもたくさんあることに気づく。「かべの中，どうなってるの？」とみんな。図面を見てたくさんの電線がつながっていることがわかった。道具もたくさん持ってきてくれた。「完成するまで暗いからこれが必要」とMはライトを見せてくれた。「これは電気が通っているか調べる機械でテスターといいます」とコンセントに当てるとメーターが動いて「お〜！　かっこいい！」と歓声が挙がる。Tが「Kのお父さんの仕事とMのお父さんの仕事はつながってるね」と発見。設計するのに「スケール」という同じ道具を使うこともみつけていた。

③ 「お寿司,私も好き～!」——板前さん

　Ｉはお父さんの仕事クイズで発表を始めた。「お父さんの仕事の道具です。何の仕事でしょう?」とたくさんの包丁の写真を見せると「料理をつくる人!」「コックさん!」とみんな。「何をつくるでしょう?　白衣を着ます!」と言われて「パスタ屋さん!」「でも包丁使うかな……」とまだわからない。最後にお店の写真を見せると,マグロ,ハマチ,イクラ,穴子の天ぷら……「わかった!　お寿司屋さん!」とやっと正解する。Ｉはとてもうれしそう。おいしそうなお刺身の丼の写真を見て「うまそう!」それを食べているＩの写真もあって「いいなー」「ぼくも好き～!」「わたしも好き～!」とみんな。すると,Ｅが「白衣っていろんな仕事の人が着るね」とみつけた。看護師,研究員,レストランのシェフ,お医者さん,といういままでの発表から考えられた。そして,清潔かどうか,異常がないか,薬がこぼれてないかなど,白衣を着る理由がそれぞれ違うこともみつけていた。包丁もいろいろなものがあった。「使い方によって種類があります」。これも,いままでの仕事の発表と同じところがあることをみつけていたのだった。最後に壁にかけられるようになったお品書きがあることに気づく。「こっちは掛け替えられるようになってる」「お薦めだからだ!」「とくに食べてもらいたいから?」「わかった!　魚は季節によって取れる魚が違うから!」子どもたちはいろいろなものを次々とみつけるから面白い。一番謎だったのが「シャリをつくる機械」だった。「今度お寿司屋さんに行ったら探してみる」というところがいいと思った。

(5) 仕事を通して子どもに伝えたいことがある
——お家の人に教室に来てもらって

　「お家の人のお仕事インタビュー」では毎年,何人かのお家の人に教室に来てもらって話を聞く機会をつくる。仕事の中でも,直接子どもに見せたいと思った仕事は,お家の人にお願いして教室に来てもらった。この年は２人,学校に来るとみんなとよく遊んでくれるテニス家のＲのお父さん,そして見事な彫刻をする家具職人のＡのお父さんに教室に来てもらうことができた。テニス

家のお父さんの話を紹介したい。
　〈「めだつ努力も，めだたない努力も必要です」——テニス家〉
　Rのお父さんはテニス家。いまは選手の経験を活かしてテニスを教える仕事をしている。実は本校を卒業したみんなの大先輩。卒業してアメリカのテニスの学校に留学したのだった。
　前半はRがお父さんに聞いたことを発表するのを横で聞いてもらっていた。「やっていて大変なことはどんなことですか？」「誰よりも強くなくてはいけないので，毎日，体と精神力を鍛えておかなければならないこと」「アメリカで何をしたの？」「大学までテニスをして，試合を戦ってプロテストにパスしました」とRは発表してくれた。
　やがて，お父さんにみんなの前に立ってもらうと，「おじさんはウソがいやです」と話を始めてくれた。「正直に言うとね，いっぱい負けました。テニスでご飯を食べられないと思ったこともありました」と切り出した。そうして，日本に戻って24歳のときにテニスの養成学校を開いていろいろな人にテニスを教えるようになるまでのことを話してくれた。いつも遊んでくれるお父さんがいつになく真剣に話しているので子どもたちもまっすぐ聞いていた。そして「ぼくが一番みんなにわかってもらいたいのは，"努力"という言葉です」と言ったかと思うと，お父さんは掃除ロッカーからほうきを取り出し，私にはちりとりを持たせて掃除が始まったのだ。子どもはなんだ？　なんだ？　という顔。私もお父さんに付いて行き，やがて教室を1周きれいに掃除をしたのだった。その様子がおかしいのかクスクス笑う子もいた。やがて掃除が終わると改めてみんなの前に立ち，お父さんは大真面目な顔でまた話し始めた。今度は何を話すのか，子どもも私もさっと集中した。「きれいになりましたね。掃除をしていたおじさんは，一生懸命努力しました」。子どもたちはうなずく。「これは目立つ努力です。でも，ちりとりをしていた和田先生も目立たないけど努力していました。こういうことが大事です」。
　話はテニスのダブルスに移りました。「球を打ってる人だけじゃなくて，もう一人も努力しているんです。そういう努力ができる人になってください」。

実は，お願いしたときにお父さんが一番話したいことがあることを聞いていた。お父さんはテニスをやる中でうまくいかないこと，負けたり，けがをしたり，そういう経験をたくさんしてきたのだった。そんな中から自分が学んだことを子どもたちに伝えたかったのだ。真剣に受け止めようとする子どもの顔を見て，思いが伝わったことがわかった。最後にラケットで正確に打ち返す技を見たみんなは「すごーい！」と歓声。笑ったり，考えたりと，お父さんの思いが伝わる時間になった。「みんなよく聞いてくれたね。これもみんなの努力です」。

話が終わると，子どもたちはいつものようにお父さんの腕にぶら下がりに行くのだった。どこかいつもと違う雰囲気を感じる。仕事を通して，自分をまっすぐ伝えてくれる大人の姿，ありがたく，素敵な時間になったと感じた。

3 お家の人から世界の文化を学ぶ

（1）お家の人から学ぶ異文化国際理解

外国語活動に3年生から取り組むことにはなるが，日本社会の多国籍化の中で，親の中にも日本人でない方が普通にいる社会になってきている。本校の親の中にも様々な国の出身者がいる。生活科の家族理解の学習の中で，「グローバルな世界観」「他民族理解・共生の思想」を自然に学び育てていきたい。

そこで，事前にお願いをして，中国人のお父さんとイタリア人のお父さんに教室に来てもらうことができた。その様子を紹介したい。

（2）お家の人から聞いて学ぶ世界の国々

① Bのお父さん「中国の話」

「私の名前は○○といいます」。Bのお父さんは黒板に大きく自分の名前を漢字で書いて自己紹介をしてくれた。北京に18歳までいて，学生のときにお母さんと出会い，20年前に日本に来たと言う。

そのお父さんがいよいよ中国の話をしてくれた。まずは，スケールの大きさに子どもたちは驚いていた。「広さは日本の26倍です」「13億人の人が住んでい

ます」。これは日本の10倍以上にあたり，世界でみると6人に1人は中国人ということになる。「すご〜い！」という子どもに「それでも困っていることもあります。中国には『一人っ子政策』という決まりがあって，結婚しても子どもは一人しか生んではいけないんです（注：2015年に廃止された）」「どうして？」「13億人の人が食べたりして生活するためには増えすぎると困るからです」「じゃあ双子はどうなるの？」「それは大丈夫です。でも多くは一人っ子で，兄弟や親戚がいないんです。まわりの大人（両親，それぞれの祖父母の6人）が一人を大事に育てるから贅沢になって，太りすぎて病気になる子どももいます」。初め兄弟の多いNは「いいなぁ」と言っていたが，この話を聞いて大事に育てられることはいいことばかりでないとわかった様子だった。いま，中国ではこういう問題をなくすため，新しい決まりを考えているという。その他にも，上海という町には高いビルや高速道路があって日本と似ていることや，中国の人は「龍」を縁起がいいからとても大切にしていることも話してくれた。

　子どもたちは質問の時間になると，たくさんのことを聞いていた。

- 「日本とちがうものはなんですか？」
  →北京ダックはおいしいしよ。あと，紫禁城という昔のお城があって，1人の王様のために建てられて，99999個の部屋があるんだよ。
- 「中国の子どもはどんな遊びをするの？」
  →ゲーム。DS。みんなと同じだね。目に良くないよね。
- 「中国で大事にしているものは？」
  →子どもとお寺ですね。中国に神社はありません。
- 「中国人が多いから中華街があるの？」
  →シンガポール，マレーシア，カンボジアなど仕事で行きますが，どこの国にもありますね。ギョーザは毎週1回食べて，皮からつくります。Bのおばあちゃんはつくるのがとっても上手です。

　最後に全員の名前を中国語で呼んでくれた。「あなたは○○○」「へぇ〜」一人ひとり自分の順番を心待ちにしながら，自分の名前をうれしそうに聞いていた。子どもたちは感想に，次のようなことを書いていた。

第12章 家族を見つめる

- みんなの名前をきいてほとんどの名前がおもしろい名前だったからびっくりしたよ。ほかに，中国の人口の数が13おく人。多いと町はどんなかんじかしりたくなるよ。あと漢字しか使わないのもよくわかったよ（A太）。
- 話をきいて中国はとても広いとおもいました。1人しか子どもを生んではいけないので，うまれた子どもはとても大事にされるからいいなーとおもいました。でも，いとこがいないので少しかわいそうだなーとおもいました（N子）。
- 中国の水ぎょうざは，おいしいのかな？ 中国人はいっぱいいるんだね。すごい！ Bは中国語はどのくらいしゃべれるの？（R）
- 中国は世界で3番目に大きいんだ。人はいっぱいいるから学校にいったらいっぱい友だちができそう。中国語で名前を言うとおもしろいなとおもった。中国の学校はぜんぶ公立なんだね（W）。

　Bのお父さんから聞く話をどこか遠い話とは捉えずに，中国を身近に感じることができたようだった。また，まだまだ知りたいことがあるという雰囲気だった。

② Sのお父さん「イタリアの話」

　もう一人，イタリア人のSのお父さんが来てくれた。「コーメシティ！」と挨拶されて，すぐに「コーメシティ!!」と反応する子どもたちだった。「お元気ですか？」という意味のイタリア語の挨拶言葉だった。日本人のお母さんも通訳として一緒に来てくれた。

　「先生のことはマエストロといいます」「ワダマエストロ！」「ワダマエストロ!!」とイタリアの学校のことから話は始まった。イタリアの小学校は，5年生までで1クラス22人しかいない。おまけに1学級当たりの先生が3人もいて，その3人で授業を見てくれるということだったので，みんなびっくりだった。そして夏休みがなんと3カ月。「イタリアに引っ越したい!!」という子もいた。長い夏休みは，家族で海岸に行ってゆっくり楽しむ。しかし，「宿題はあるの？」という質問に「たくさんあります」と言われると複雑な顔をしていた。

　イタリアの国語はイタリア語，日本と同じように算数・体育・音楽もある。社会はイタリアの国のことを勉強する。数の数え方も「ウーノ，ドゥエ，トレッ……」と教えてくれたが「みなさんは指でどう数えますか？」と言われ，

人差し指から数える子どもたち。「イタリアでは，親指から数え始めます」とやって見せてくれた。すぐにやりたくなるのが２年生。一緒にやってみると日本とは違う指の使い方に「面白い！」という子どもたちだった。「計算の書き方も違います」とイタリア式のたし算の筆算が黒板に書かれると，「へぇ〜！違うんだ〜」「こっちの方がわかりやすい」と国によって違うこともわかったようだった。

　その他にも，イタリアの国の広さは日本と大体同じでも人口が半分だということ，イタリアの首都がローマであることなどを紹介した。写真でフェラーリが出てくると，サッカーや車好きの男の子たちは即座に反応した。「黒猫のタンゴ」の歌を聞かせてくれて，元々イタリアの曲で歌詞が全然違うこともわかった。そして国が「ブーツ」の形をしていると言うので，地図で確かめてみると「本当だ！」と反応していた。子どもたちは一つひとつの話によく反応する。

　初めて聞くイタリア語。お母さんもうまくサポートしてくれたので，あっという間の時間だった。Ｓのお父さんからはいろいろなイタリアを感じたようだった。

- イタリアの学校の先生が３人もいるなんてびっくりしました。Ｓのお父さんがおしえてくれたたし算やイタリアの時間や車やレーシングカーやいろんなことをイタリアの学校の子どもが学んでいるんだなーと思いました。Ｓのお父さんはイタリアのものをいっぱいもっているんだなーとすごく思いました（Ｔ）。
- イタリアの学校は，６才から10才までなんて，日本とぜんぜんちがう。イタリアの数字は日本とにてる。日本とおなじ大きさなのに，ちょっとしか人がいないなんてもっとすめばいいのに。やっぱりイタリア語もすごくむずかしい。計算はかんたんそう。イタリア語のこんにちはとさようならは何でどっちもチャオなの？（Ｏ）
- 話をきいてびっくりしたことは，３ヶ月も休みがあることです。それに，先生が３人いたらどんなかんじなんでしょうね。日本の小学生は１人だからびっくりです。でも私がようちえんの年少だった時は２人でした。イタリアのかたちがブーツがただったなんてはじめてしりました（Ｋ子）。
- イタリアの計算は日本とちがって計算のかきかたもちがうこと，私はなんで計算のかきかたがちがうのかなとおもいました。あとイタリアの人も日本とお正月がいっしょとはおもいませんでした（Ｈ）。

最後に「ありがとうございました」と私がお礼を言うと，お父さんはがっちり握手をしてくれた。それを見た子どもたちも次々と握手に並んでいた。

（3）家族理解を通しての自然な国際理解教育

いま，教室の子どもの中で，お父さんかお母さんが外国の人ということは珍しいことではない。それならば，その家族の人から自分の国について語ってもらうことは，何かで調べるよりもずっと新鮮で，その国の人や文化を実感し，興味がもてることにつながるのではないだろうか。学級の友達のお父さんに教えてもらうことで，世界を身近に感じることができるのではないだろうか。

また，その子にとっても大切な意味をもつ。2つの国民性を受け継いでいることを気にする子どももいることだろう。そう感じていることを話すこともできないでいるかもしれない。しかし，学級のみんながお父さんの話に共感を寄せる様子は，とてもうれしいことであり，安心できることであり，自分の国の文化に誇りをもつことができるのではないだろうか。

4　配慮すべきこと

家族や家庭をテーマに学習を進めるとき，いくつか配慮すべきことがある。

1つ目は，活動のねらいをきちんと伝えること。その学びが子どもにとってどんな意味があり，何を家庭に協力してほしいのか理解してもらう必要がある。「自己紹介」「家族紹介」「家族の人のお仕事調べ」も子どもをともに育てる土台づくりになるが，近年は様々な家庭状況や経済状況などを配慮しなくてはならないからだ。その家庭の状態やその家庭の考え方に配慮し，ゆるやかにその機会を設定することが大切である。また，プライバシーの保護の観点からも，学習上のねらいと具体的な協力について一つひとつ丁寧に合意を取り付けておくことを忘れてはならない。

2つ目は，学びの様子を家庭に伝えること。子どもの様子ややりとりはリアルに，タイムリーに伝わった方がいい。私は日々の生活や学習の様子は「学級

通信」で家庭に届くようにしている。教室でどんな学びが展開しているかが見える中でこそ，活動への理解が得られると考えるからだ。

　3つ目は，「学級懇談会」などで子どもの活動を真ん中に交流すること。これは教師とお家の人の交流だけでなく，お家の人同士の交流が活発になるように工夫する。つまり，活動を通して感じたわが子のことを話す機会をなるべくたくさんつくるということになる。成長の喜びだけでなく，悩みや葛藤などを語り合い，どうしたらいいのかみんなで考えられることで，みんなで子どもを育てる意義がみえてくるからである。

　1年生の終わりにUのお母さんから連絡帳が届いた。

　　1年も残りわずかになりましたね。怒涛の通信に先生の思いが伝わります。Uが「今日は何と3枚もあるよ〜」「〇〇ってすごいね〜」「今日はこんなことが楽しかった！」と毎日いろんなことを話してくれます。兄が別の学校で1年を終えた時を思い出すと，その差があまりにもあって……。親子で学校ってこんなところだったのか……何かちがうけど仕方ないと思っていたところに義母が本校をすすめてくれました。それから1年，子どもたちもそうですが，親の私たちも世界が広がり，濃い日々を過ごさせてもらいました。比べてはいけないのですが，詰め込まれて学習した兄より，Uの方が確実に実になっているんです。多くの経験や個性的な先生方，友達のおかげで子どもたちがずいぶん成長してくれて，去年とはちがう気持ちの私がいます。いろんなことがありましたが（まだまだありますが……）立派に1年生になったと思います。また，次の1年も楽しみです。1年を振り返って，いろんな思いがこみ上げてきてここには書ききれませんが，本当に感謝の1年でした。ありがとうございます。来年度も子どもたちの冒険楽しみたいです。

　　追伸：これを書いている横で夫が「Uが学校楽しい！」という姿が信じられなくて「うれしい！　頑張って働こう！」とつぶやいておりました。

第12章　家族を見つめる

楽しいことも，大変なことも，子どもと親と教師で向き合い，乗り越えながらその成長を実感していることがとてもうれしかったのだった。

> **学習の課題**
>
> (1) 現代の学校の教育活動の中で，「家族」を題材にしたり，「お家の人」と学びをつくったりするのにどのような意味があるのか考えてみよう。
> (2) 「家族」を題材にしたり，「お家の人」と学びをつくったりする授業展開にどのような実践があるのか，さらに探して読み深めてみよう。
> (3) 「家族」を題材にしたり，「お家の人」と学びをつくったりするときに，配慮しなければならないこととは何か考えてみよう。

【さらに学びたい人のための図書】
「和光鶴川小学校の計画と実践」シリーズ（1999）旬報社。
　行田稔彦・下鳥孝編著『①おどろき・はっけん生活べんきょう』〈1・2年〉。
　行田稔彦・園田洋一編著『②はじめての総合学習』〈3・4年〉。
　行田稔彦・成田寛編著『③自分づくりの総合学習』〈5・6年〉。
　　⇨和光鶴川小学校では，教育課程を「教科学習」「教科外学習」「生活勉強・総合学習」の3領域で自主編成している。柱の一つである「生活勉強・総合学習」について，子どもの主体的な学びをどう展開するのか，教師の役割は何なのか，具体的な実践例をあげて紹介されている。

（和田　仁）

第13章 学び方を育む生活科

この章で学ぶこと

結びの章として，本書第1章の生活科の基本的な性格，第2章から第12章までの具体的な学習内容と実践例の理解を前提にして，それらをオーバーラップして改めて教科としての生活科についての一層の理解を深めるとともに，小学3年生以降の領域である総合的な学習の時間につながっていく展望をもって，その学び方をみていきたい。

1 小学校低学年の子どもと学び

（1）園生活から学校生活へ

　遊びを活動の中心とした保育環境の中で育ってきた幼児たちが卒園し，年度が替わると今度は「小学校」の世界に飛び込んでいく。その始まりには驚くことが多々ある。1つ目は生活舎の広さ，2つ目は人の多さ，3つ目は生活スタイル，4つ目は主たる活動の仕方の違いである。また，大規模な小学校では出身園ごとのやり方の違いに戸惑うこともある。

　こうなると，園での生活がしっかり染みついた子どもの中にはそのやり方に固執し，学校のやり方を受け入れようとしなかったり，違う園でのやり方を一方的に責めてしまったりする子がいてもおかしくない。また，縦横無尽に走り回ってしまって，なかなか学校生活のリズムがつかめない子もいる。さらには，学校に行きたがらない子，「学校はつまらない」と思ってしまう子もいる。

　こうしたときに，学校生活にすぐには馴染めない子がいることを問題視してはいけない。むしろそうした子どもたちの中の戸惑いを理解して，学校生活がまずは楽しめて安心できる場所として新1年生が認知できるようにしていくこ

とが大切なのである。それはクラスでともに学ぶ障害のある子に対しても同様である。

そのためにも,「こうではならぬ」ではなく,目の前の子どもたちの実態に合わせて,管理職を含めた学校全体として,それこそ「カリキュラム・マネジメント」として,組織的計画的に一日の生活や時間割の組み方,教室環境づくりも含めて柔軟に設定していくことが大切である。

(2) 物事を丸ごと捉えるこの時期ならではの特徴

高学年になって社会科見学に行くと,見学の目的に沿って現地を見て,目的に即して質問して取材することができる。「目的に沿って」「目的に即して」活動ができることそのものが,見方・いい方を変えれば「個々の学習課題を意識して捉える」力がついてきているということである。

ところが,幼児や小学校低学年はどうであろう。「今日は外に出て鬼ごっこしようか」と保育者としては目標をもった集団遊びに誘おうというねらいをもちつつも,始めこそ鬼ごっこを楽しんでいても,そのうち草むらにいた虫が気になって,そっちに関心が向いてしまう子がいる。自分たちで育てた植物を観察しようとしても,同様に花の中に潜り込んだり土の上を這っている虫を見つけると,植物の観察はおいて虫に関心が移ってしまったりしてしまう。

しかし,この子たちを「活動に馴染まない悪い子」と見てはならない。なぜならば,幼児期から小学校低学年の子は,物事を個々細分化して見ることよりも,「外」であれば,空の上の雲や飛行体から,風や温かさなどの空気の様子や,地上の動植物・土や水たまり,周囲を動く車や人など,あらゆるものが関心材料なのである。だから,活動の目標や目的を1つに絞って取り組むこと自体が難しいのである。こうした特徴を「未分化」と呼んでいる。

だから,とりわけ地域に出て探検活動する際には,主たる目的(たとえばお店の人にインタビュー)を事前に確かめながらも,その目的地に到達するまでに様々なモノ・コト・ヒト(たとえば1軒1軒のお店の品,ペットの犬)に興味を示すことも踏まえて,余裕をもった計画が必要となる。

(3) 意欲にあふれる

　学校に通うことだけでも精一杯な子，何をしてよいかわからず戸惑っている子も見かける一方で，意欲満々な子が少なくない。

　学齢が上がり高学年ぐらいになると，恥ずかしさや周囲から見られている自分などを感じて積極的に活動や任務を引き受けることを躊躇するようになる。また，やれた自信を積み上げてきた一方で，十分やれなかったことでの自信喪失も積み重なり，自己嫌悪感をもってしまう子も少なくない。

　しかし低学年期の子どもたちは，無鉄砲なぐらいの意欲をみせる。

　1つ目には，体験を積み重ねてきた幼児期にその面白さを感じてきて，もっといろいろな体験を積み重ねることが楽しみになってきているのである。

　2つ目は，その体験を積む中で，自分でできることが増えてきていることに自信がもてて，「もっとやれる」という自信にあふれているのである。

　3つ目に，以上のことから，未知のことでもやれる可能性を感じているのである。

　ある種楽天家的な特徴をもっているといえるかもしれない。園や家庭での教育が幼児期の子どもたちをそのように育て上げてきたのである。小学校ではその育ちを生かして，さらなる自信にしていくことが求められている。

2　低学年教育のコアとしての教科

(1) 小学校入門期の自立を支える教科

　前節でみてきたように，小学校低学年の教室は不安・戸惑いと期待・可能性が入り混じった子どもたちで構成されているが，そのある種異質な子どもたちが，1つの教室空間で共同して学んでいけるようになっていく。小学校に入学してすぐに始まる教科学習における学力にだけ目を奪われがちであるが，とくに入学直後の新1年生では，ある種異質な子どもたちが1つの教室空間で共同して学んでいくことが楽しみになるようにしていくことが何より大切である。

　「楽しみ」というと特別活動をまず思い浮かべる。特別活動の時間は低学年

においても特設されているので，当然そこでも「学級活動」「学校行事」等を通して楽しみをつくっていける。同時に生活科でも「友達」「動物」などと触れ合う楽しみをつくっていくとともに「学校の施設」「学校で働く人」を知ることで安心し楽しみになることもある。

　また，生活科の学習内容にある「自分のこと」で自分の身の回りのものを自分で意識して整えたり，「家族」で家庭生活に関わる活動に意識的に参加してみたりする体験を重ねていくことで，自立した生活の場面を増やしていき，やがて何でも一人でやっていける子どもへと育っていくことにもなる。

　生活科での個々の学習体験は，生活においても学習においても，低学年児童の自立を支えている。しかし，生活科で自立を促す学習活動は，家庭でのしつけや道徳での学びによるものとは違い，「楽しく意識的に挑戦してみよう」という考え方が学習目標の根底にあってこそ，独自の役割と面白みを発揮しているのである。

　近年の学習指導要領では，とくに新１年生が学校生活に円滑に溶け込んでいけるように「スタートカリキュラムの編成」を求めている。生活科はその中心的な役割を期待されている。

（2）学びのフィールドに地域を据える生活科

　乳幼児期の生活では家庭と，保護者に付き添われてその家庭と園を往復する暮らしが中心であった。しかし，自立登校するようになる学童期になると自分のペースで家庭と学校とを往復できるようになる。そのことで，「地域社会」という存在に注目していくことになる。実際子どもたちは，家庭での営みと園・学校での活動と学習に加えて，地域環境からも大きな影響を受けていく。「地域」には，家庭にも園・学校にもない魅力が多数散在している。

　生活科の「第3　指導計画の作成と内容の取扱い」には「校外での活動を積極的に取り入れる」とある。まさに生活科は，家庭と園・学校以外の人間の発達に欠かせない「地域社会」へ子どもたちの関心を向けていくきっかけをつくり，学習の視野を広げている教科なのである。

(3) 他教科・領域の力で深める生活科

　生活科では，節々で自然・季節や動植物の様子を観察記録や新聞にまとめていく活動，それらを発表したり，様々な局面で話し合ったり意見交流したりしていく活動で「書く」「話す・聞く」力が求められる。図鑑やインターネット情報を使って調べる際には「読む」力も求められる。これらは国語科によって磨かれてきた力を発揮して可能となる活動である。

　採れた種の数を数えたり，その種の数を友達と比べたりする。動物にエサを与えるときに，エサが余って生息環境を悪くしてしまったり，逆に少なすぎて動物を弱らせてしまったりしないように，適量を身に付けて，その適量を適切なタイミングで与えていく活動もある。その「数を数える」「数の大小を比べる」「多い・少ない・適量」「決められた時間」等のこうした認識は，算数科の学習によって確かなものとされてきた力である。

　2年生になり学んできた子どもたちが下級生である1年生や地域の園児たちを招いて学習発表や楽しい催しをしたり，制作したものをプレゼントしたりする活動も，生活科の中で行われている。そのときに，招待状であるカードをつくったり，プレゼントする魚釣りの魚を用意したりすることがある。そのカードを飾るために「絵を描く」「折り紙を切り貼りする」「魚を描き縁を切る」などしてデザインしたり，工作したりする活動は，図画工作科の授業で高められた力を発揮していくことになる。

　また，その催しの企画や準備，運営といった段取りは，特別活動で高められた力を発揮していくことにもなっている。

　このように，生活科は他教科・領域での学びの成果によって深まったり高まったりしていくことになる。

(4) 生活科で深める他教科・領域の力

　一方で生活科は，他教科・領域への意欲を高めていくことになる。

　観察記録や新聞にまとめていくときに，思うように文字で書けない児童がいる。当初は1行書くのもやっとである。その児童が，国語科の授業でひらがな

を一生懸命学び，作文の書き方を身に付けていくことで，徐々に観察記録や新聞が書けていくようになっている自分に気が付く。そのことで，改めて国語科で身に付けている力の大切さに気が付いて，国語科の学習に意欲的になっていったりする。

　10までの数を確かにしてきた1年生児童が，秋にヒマワリの種を収穫したとする。その子はヒマワリの大輪から種を取り出してみると，ものすごくたくさんの種で埋め尽くされていたことに気付く。ところが，やっと2ケタの数を学んできたばかりで，たくさんのものの数を正確に数えるには至っていない自分に気が付く。そうなると，2ケタの数の認識を正確にしていくとともに，99から先は3ケタの世界を獲得していくことが必要になると感じていく。こうして，より大きな量を数で言い表すことができる算数科の学習に意欲的になっていくこともある。

　そもそも生活科は，低学年の理科や社会科を廃止して誕生させた教科である。よってその内容に，理科的学習要素や社会科的学習要素が多く含まれている。

　生活科で自然や季節を意識して感じる学習活動をしてきたり，栽培・飼育，それに伴う観察記録活動をしてきたりする。それらは3年生以降の理科学習「植物」「動物」「天気」「太陽」「土地」などの学習の土台となる生活概念を形成していくことになり，経験を科学へと発展させていく重要な役割を果たしていくことになる。

　また，地域を探索し，地域のどこに何があるのかを知っていくようになり，そこにある特徴的なものや人に関心をもって取材したり調べたりして，そのものや人がそこに存在することに意味をつかんでいくことにもなる。このことは，3年生以降の社会科学習における「位置・地形・土地利用」「生産や販売の仕事」「地域の特色」などの学習の土台となる生活概念を形成していくことになり，一層地域を歩いてみよう，深く調べようとする意欲へと発展させていく重要な役割を果たしていくことにもなっている。

　このように，生活科での学びの深まりは，並行して行われている他教科・領域への意欲を促すとともに，3年生以降のとりわけ教科学習の土台となる初歩

的概念の形成に大きな影響を与えていることになる。

（5）低学年教育のコアとしての生活科

　本書第1章でみたように低学年の理科や社会科を廃止して誕生した経緯があって，生活科が導入されることになった頃，とくに理科や社会科の授業実践に熱心だった先生方からは厳しい批判の声が挙がっていた。その後も，生活科の内容に道徳色が強まったり，「体験あって学びなし」と言われてしまったりするような実践もあって，いまも批判がないわけではない。しかし，それらは生活科の理解や実践としての課題であって，生活科そのものをなくす発言は聞かれなくなってきた。生活科がもつ役割が徐々に理解されてきたということは否定されないだろう。

　第2節第1～第4項でみてきたように，生活指導・「地域社会」概念の形成・他の教科や領域と密接不可分で相互に高め深め合うという，小学校低学年期の児童にとっては欠かせない位置を占めている。この点で生活科は「低学年教育のコア」ということである。「コア」はあくまでも中心・中核であって，そのコアと密接不可分で周囲を取り巻く他の教科や領域を過小評価してはならない。かつて生活科を重視するあまり「総合活動」と称して教科の枠組みをなくしてしまうような取組みも一時見受けられたが，そうした動向はすでに破たんしている。

３　生活を見つめる学び

（1）身近な生活そのものが題材

　生活科では「生活」の対象として「学校」「家庭」「地域」を置いている。この3つを対象としていることは重要である。

　しかも生活科では，それぞれ身近な生活のあり様を学習の出発としつつ，終始それを大事にしていく。時間的，地理・立体・空間的な認識が高まり深まっていく中高校生ぐらいになれば，身近な生活を出発にしながらも，最終的には

世界規模・地球規模で物事を総合して捉えたり,そこから解決策を考えてみたりすることが可能になる。しかし,生活科を学ぶ小学校低学年期の子どもたちには出発点も帰結点も身近な生活を重視する。それは小学校低学年期の子どもたちの認識上の限界としての消極論からの判断ではない。近年の国語科が生活のありのままを考え深めるような題材よりも多様なジャンルの題材で読んだり書いたりさせていく傾向がある中で,身近な生活を深く掘り下げていくことが実際的に可能なのが生活科であるからこそ,生活科では深く掘り下げて見つめ考えていってほしいのである。だから「出発点も帰結点も身近な生活を重視する」という積極論の立場での主張なのである。

よって,「家庭」「学校」「地域」のそれぞれの身近に目を向け,その身近からみえる興味や関心を出発点とし,体験を挟みながら深くみつめ,そこからよりよい生活のあり方がみえてきて発言したり実際に活動していけたりするようにしたい。

(2) 生活のありのままを対象とし深めて学ぶ

生活科でまず意識しておかなくてはならないことは,「生活科は生活を見つめてこそ生活科である」ということである。実に当たり前のことである。しかし,その「生活を見つめる」というところの「生活」とは何を指すのか,その「生活」を授業担当である教員がどのように捉えているのかで,生活科の深さと広がりに違いが出てくる。

たとえば「家庭」でみたときに,教科書どおりに「一人ひとりの存在」「仕事,役割」「家庭生活における団欒」「自分自身や自分の生活とどのように関わっているか」を見つめていくことになっている。それはそれで大事なことであるが,この学習をしていく中で,家事の分担のあり方や,家族一人ひとりが家事の何を担っているのか,そもそも父親や母親が両方揃っているのかなどに,子ども自身が気づき,中には気にするようになっていく。このとき,状況をつかむところで学習を切るのか,たとえば両親が揃っていない状況をどう思っているのかの内面を理解してほしいという子どもの願いに基づいて書き発表して

もらい，みんなで理解し合うのかで「家族」をみる目の深さと広がりが違ってくる。

そもそも「家族」のあり方を，両親揃ってとか，家族みんなが協力し合い，皆で規則正しく過ごそうとしている理想的な姿を前提に学習を進めるのか，生活が苦しく共働き・一日複数の仕事をかけ持ちせざるを得ず，家族での団欒もままならない家族もある現実も踏まえて学習を進めるのかで，子どもの学びに向かう気持ちの強さも，生活科の学習の深まりと広がりが違ってくるであろう。

このように，「生活」を学習指導要領の例示だけで捉えることなく，「家族」一つを例にとっても「兄弟姉妹でのけんか」「家族への不満」「家族への願い」など，身近な生活をよくしていくからこそいま学級で何をどう話題にし考え合ってみたらよいのかを吟味することが大事なのである。

（3）見つめたことを表現する

家庭・学校・地域のそれぞれにじっくりと目を向けたことを，「目を向けた」で終わらせては「活動あって学びなし」になってしまう。大切なのは見たことをその子なりに表現させて体に取り込んでいけるようにすることである。その際，むしろ2年間を通して多様な表現方法を体験し獲得できるようにしていくことが大切である。この点で「多様な表現方法」の知識と理解を教師自身が獲得しておかなくてはならない。

① 言葉で表現する

代表的な表現方法としては「話す」である。つまり「発表」という形式である。小学校低学年期の子どもたちは，まだ必ずしもすべてのひらがなを確実に習得できているとは限らない。「書ける」を気にする必要がない点で抵抗感も少ない。しかし，それでもうまく話せない子がいてもおかしくない。その場合は，「いつどこで何を見ましたか？」「そのことをどう思いましたか？」などと，1つずつ担任からインタビューして発表を促していくとよい。それを様々な場面で重ねていくと，徐々にどういう順序でどう話していくと自分の思いや考えが伝えられるのかがその子自身にわかってくる。そうなると，その子自身が話

を構成してひとまとまりの話をしていけるようになっていく。
② 絵で表現する
　次に抵抗が少ない点でいうと「描く」である。
　その際，紙の材質や大きさ，絵筆をその子の思いに合わせて選ばせることが大切である。指導のしやすさや掲示スペースの関係で統一せざるを得ない場合もあるだろうが，図画工作科で描く活動とは目的が違うのであることからすれば，逆に統一にこだわる必要もない。できれば教室の一画に「画材スペース」を置いておき，棚ごとに様々な材質や大きさの紙，クレパス・色鉛筆・サインペン・絵具筆などを仕分けて入れておく。そうして，一定の約束のもとで，児童が描いて表現したいときにいつでも使って，描き終わったら道具は元の場所に整理して返し，作品は担任に届けることが可能になっている教室環境を整えておくとよい。
　また，最後まで心地よく描いて表現するのには，教師が接して関わる態度も大事である。描いている最中に，「これは何を描いてるの？」「どんなことがあったの？」と，一人ひとりの絵に教師が関心を向け，「それ，とってもおもしろいね」とか「それ，とってもすごいことだね」と認め共感し，「いまのお話をぜひ描いて伝えてね」と声かけしていくと，描くことへの児童の気持ちも高まっていく。
③ 文章で書いて表現する
　小学校低学年期の子どもたちにとって最もハードルが高いのが「文章で書く」表現である。そのためにも，抵抗なく「文章で書く」ことができるような工夫が必要である。
　まずは「お話のタネ集め」と呼ばれている題材見つけをすることである。気になったモノ・コト・ヒトを単語であげさせてみるとよい。できれば「空がでっかかった」「水がつめたかった」という心象表現でもよいので，「五感を働かせて感じたこと」をあげさせられたらなおよい。
　それが書き出せたなら，それが「いつ」「どこで」「どのような場面で」感じたのかを，一斉ではなく一人ひとりに「お話」させてみるのである。そうした

らさらに「それ、とっても面白いね」とか「それ、とってもすごいことだね」と認め共感し、「いまのお話をぜひ書いて伝えてね」と声をかけるのである。すると、比較的すんなりと書くことへ向かっていく。

このように、丁寧な段階を踏んだ過程を始めのうちは繰り返していくと、徐々に「文章で書く」までの手順がわかっていくようになり、小学校中学年以降になれば「作文の構想の時間」さえとればすぐに作文に向かっていくことも可能になっていく。そうして、こうした経験を積んでいった中高校生であれば、見たこと、感じたことに加えて自分の意見も加えて作文に向かっていくことも可能になっていくであろう。

④　その他の表現方法

目にした印象をそのまま動作で表現して伝える「動作化」、目にした印象をドラマ化したペープサートなどの「シアター化」や「劇化」、近年は児童にデジタルカメラを持たせて児童の目で捉えた「映像化」で表現させる取組みもみられる。

以上いずれの方法であったとしても、見たこと・感じたことなどを小学校低学年期の子どもたちが正確に表現することは難しいことを理解しておく必要がある。撮った映像がボケてしまっていたり、焦点にしたいものが中心にきていなかったりする場合もある。描いた絵の大きさや形が不自然な場合もある。話していることの内容がちぐはぐだったり、文章に書いている文字に誤字脱字があったりすることも、当たり前のようにある。

しかし、いずれの場合にも、性急に注意して修正させてはいけない。むしろ、表現したことの細部に神経をとがらせるのではなく、表現した世界全体を受け止め理解し、認め共感することを通して、表現することが面白いと感じられるようにすることが、小学校低学年期、さらには生活科の学習活動において最も大事なことである、ということを押さえておくことが大切である。

4 生活科ならではの学び方

(1) 問いから事実を探究する

　子どもは本来，様々なことを体験し自分の中に取り込んでいくことにとても意欲的であるし，そうであり続けていてほしいと願っている。ところが，学齢があがっていくと自我に目覚め，自己プライドが高まってくる。そうなると，「これってなあに？」「これってなんで？」と尋ねることそのものが自分の無知をさらけ出すことになると考えめぐらして，尋ねることをしなくなってしまいがちである。しかし，そうした中で幼児期から小学校低学年期の子どもたちは，未知の物事に対して素直に「これってなあに？」「これってなんで？」と尋ねられるところに大きな特徴がある。だからこそ，こうした言動を「うるさい」「しつこい」と捉えることなく，どんなに小さな疑問であっても大切にしていく姿勢が教師に求められていく。

　その際，「教師は何でも知っている」という殻に閉じこもってはいけない。いくら経験を積んだ教師にだって知らないことはある。生活科では，こうやって子どもの関心に一緒に関わりながら子どもたちとともに探究し，同時に自分も学習していけるのである。ここにこそ生活科のさらなる面白みがある。

　そのことで「教師は無知であってよい」とか「生活科では教材研究はいらない」などという暴論に走ってはいけない。どの教科学習づくりにしろ，クラス活動全体を運営していくにしろ，どんな場合も教師は研究して授業・学級づくりをしていかなくてはいけないのは当然のことである。

　私がいいたいことは，どんなに研究を尽くしても，教育の世界で扱うことになる世界は壮大で無限に近いものがあるから，「教師は何でも知っている」ことにはならない謙虚さをもって，「子どもたちと一緒に調べることが楽しめる教師である」ことを大事にしていくことである。

　こうして家庭・学校・地域の身近なモノ・コト・ヒトに関心を示し，「もっと知ろう」「もっと深く知りたい」という思いで問いを発し探求していく。そ

のことを教師や周囲の大人たちがみんな大事にしてくれる。このことで学習意欲が高まっていく。ここに生活科の大事な核心の一つがある。

（2）教科書の扱い

　最近の生活科の教科書を見ていて，生活科導入当初のものとの違いにいろいろな点で目を見張る。その中でとくに目を引くのは登場している物の豊富さである。虫や小動物，植物を扱った頁などは図鑑を見ているようである。生活科出発当初はその種類が乏しかった。だから，「日本全国アサガオ・ヒマワリ」「全国の小学校でザリガニ・ウサギ現象」と言われることになった。しかし，生活科のあり方の議論が深められていく中で改善されてきた。

　しかし，それを「すべて扱いなさい」ということで登場させているわけではないし，教科書に載っている動植物の知識を全部深めなさいでもないのである。そのように扱っていると勘違いしているのではないかというクラス実践を耳にすることもあるが，それは大いなる勘違いである。

　教科書会社が多数の動植物を掲載するようになったのは，「このように多様な動植物がみなさんの身の回りにもいるかもしれませんよ」「ここにない動植物を見かけるかもしれませんよ」「だから教室の外へ出てまずは探してみましょう。見つけたら育ててみましょう」という筋書きを思い浮かべた上での誘いのためである。

　同様に，「観察日記」「新聞」「紙芝居」「カード」など，まとめ方も実に多様に紹介されるようになった。しかし，これも同じである。書かれていることをそのとおりになぞるのではない。児童が発した問いからの調べ学習で最も効果的な表現方法は何か，そのときにその教科書単元で紹介されているまとめ方がよいのか，他の単元や他の教科書で紹介されているまとめの方がよいのか，果ては教科書にはどこにも載っていない新たな効果的なまとめ方がよいのかと，子どもの実態に合わせて「選ぶ目」が教師には必要である。

　よって，生活科ではなおのこと，教科書に縛られてはいけない。生活科ではとくに参考書として活用していくことが大切である。

（3）学習計画を子どもたちと練る

　他の教科学習では，1時間1時間に学習目標を設けて，日々積み上げながら単元としての目標に到達できるようにしていく。すなわち担任教師による系統的な学習プランに基づいて授業を展開していく。しかし，今日の生活科では「学習計画を立てる」ことが意識されるようになってきている。

　特徴的な場面としては「栽培植物の種集め」である。理科や出発当初の生活科では，栽培する植物を選定するのは教師の仕事であった。そのためみんなで同じものを栽培・観察する一連の学習を展開してきていた。ところが最近の学習活動の手引きでは「何を植えようかな」というような書き方で，子ども自身に考えさせていくのが当たり前になってきている。だから，同じ1年生を担任して栽培活動に取り組もうとしても，担任したその年々で扱う植物が違ってくることもあるということだ。そうすることで，同じ「植物」であっても，種の色・形・大きさなどが違うし，同様に葉っぱの形・大きさ・付き方，茎の伸び方，花の数や色・形・大きさも違う。そうした違いを同時に観察することで，多様な植物の存在や個々の植物固有の特徴を知り，そのことを通して，1つの植物への関心から植物全体への関心に目を転じていけるようにしているものと思われる。

　ところで，私がかつて担任したある年の1年生は，「種集め」に興味をもつと，「種」と同時に「集める」活動そのものに興味を示し，結果的に「種集め」から「1個の実の中の種数え」，そこからの「種で2ケタ，3ケタの数の勉強」を児童全体でつくり出していった。また，「種集め」の後半から同時に始まった，魚やフライドチキンを食べて残った「骨集め」から「動物の体の形をつくっている骨」の勉強となり，最終的には保健室の「がいこつ君と握手」と称して「人間の骨の観察」の学習をもつくっていった。

　小学1年生恐るべしで，勉強が面白く感じると，こうして自分たちで「学習計画を変える学習プラン」をつくり出し展開していくのである。

（4）活動や体験を通して学びとる

　生活科の取組みを進めていくと，片言の作文であっても「きょうはたのしかった」という文言をよく見かける。教科書とノートを使って座学中心で進める他の教科ではなかなか聞かれない感想である。そうした感想が出てくるあたりに，生活科ならではの「活動や体験を通して学ぶ」大切さが現れている。

　「活動や体験を通して学ぶ」ことの第一は「学ぶ楽しさに出合う」ことである。そのため，ストレートに「○○がわかる・できる」ようにしようとしないことである。系統学習が重視される他の教科での知識や技能を身に付けることや，道徳科の中で心のありようを考え確かめていくのと同じようにしたのでは，生活科の特質を失わせてしまう。様々な取組みを通して「自ら気づく」ことこそをねらいにしていく必要がある。

　そして第二には，その活動や体験を，教科書や事典に書かれているとは限らないことを，自分で関わり自分の体全体を通して小学校低学年の子どもたちなりに「発見する醍醐味に出合う」ことにつなげていくことが大切である。その際，新学習指導要領に情報機器の活用が加わったことについて慎重に取り扱うことが必要である。理科の学習内容をDVDの映像で見せて済ませるような安易な扱い方があっては，これもまた生活科の特質を失わせることになるからである。先にも紹介したがデジタルカメラで子どもたちが撮影したものを活用したり，調べ学習の答えを得るためではなく，調べるための方法を探るための過渡的手段として情報検索して活用し調べ学習を促進していったりするためであるならば，活用することにも意味があるだろう。要は，どの場面で，何のために活用するのか，それは生活科の面白さを損なうものでないかを慎重に見極めた上で，活用を判断する視点を教師がしっかりもっていることが大切である。

　さらに第三には「学びを通してつながれる」ことである。知らないことがあれば，親や先生に聞いてみる，物知りな子がそばにいれば友達に聞いてみる，それでもわからなければ詳しそうな人に「おしえてください」とお願いして聞いてみる。そうして，その教えてもらったことをみんなにも伝えていくことで，みんなで賢くなっていける。また，ときにはすぐには答えのみえない問いには

まることもある。そんなとき「みんなで調べてみよう」という担任からの呼びかけで，みんなで情報をかき集めてみる。そうして交流していくことで，答えに突き当たるとともに，当初の問い以上の答えを知ることになる場合もある。こうして，共同して一つのテーマを極めていく面白さを実感し，ひいては学びを通して人と人がつながっていくのである。

5　生活科から総合的な学習へ

　小学3年生になると，生活科がなくなり，理科，社会科，総合的な学習の時間がそれに代わる教科・領域として登場してくることになる。
　とりわけ総合的な学習の時間では，「横断的・総合的な指導を行う」ことが意識されるところ，「実社会や実生活の中から問いを見いだし，自分で課題を立て，情報を集め，整理・分析して，まとめ・表現することができるようにする」ことが一つの領域目標として目指されているところ，体験活動や多様な学習活動を取り入れるようになっているところからみても，教科と領域と扱いに違いがあっても生活科と総合的な学習の時間とは関連しているといえる。
　そうみていくと，この本の執筆者で目指している生活科教育の基底にある，自らの問いを探究し，活動や体験で体全体を通して実感しながらみんなで確かめ表現し合って深く学び合っていく，この学び方はまさに総合的な学習で目指している「探究的な見方・考え方」を本格的に働かせていくことにつながっていく。小学校入学時から「探究的な見方・考え方」，そしてその学び取り方を積極的に積み上げていくならば，大学生が卒論を仕上げていくような個人研究力を豊かにしていったり，学級全体で探求することで一層ダイナミックに探求し掘り下げていき共同研究力を深めていったりすることにもなる。そうして一層その研究が進んでいくならば，自分，自然，社会にとっての価値が見出され，それを活用しようとして発信したり，社会参加していったりする意欲につながっていくであろう。生活科で身に付けた学びは，他の教科や領域を深める学びになるとともに，小学校3年生以降から始まる総合的な学習で獲得されてい

く認識や学び方を本格的に深める土台となっていく。

「低学年教育のコア」の位置を占める生活科で得た力は、そのまま新たな教科として登場する理科や社会科を含む他の教科や領域の学習に生かされていくとともに、同じく小学校中学年教育以降に登場してくる総合的な学習の時間につながっていくことになるし、そうなっていかなくてはならない。

> **学習の課題**
> (1) 小学校低学年の特質を踏まえて、「低学年教育のコア」とされる生活科のもつ意味を確かめよう。
> (2) 今日とりわけ生活科で大事にしたい題材や学び方とは何か確かめよう。
> (3) 総合的な学習の時間を深めることにつながることを展望して、生活科をどのように位置づけ、どんな力をつけることを目指したらよいか、自分の言葉で書き出して、仲間と考え合ってみよう。

【さらに学びたい人のための図書】

梅根悟ほか編(1977)『総合学習の探究』勁草書房。
　⇨生活科を総合学習の第一階梯に位置づけ幼少期から青年期までの探究学習を提起している。

鎌倉博(2013)『きらめく小学生——自由な教育の中で育つ子どもたち』合同出版。
　⇨小学校低中高学年別に生活科や総合学習を深く探究する子どもの姿を追っている。

文部科学省(2017)『小学校学習指導要領解説 生活編』日本文教出版。
　⇨2017年に告示された学習指導要領の生活の内容をつかむことができる。

（鎌倉　博）

小学校学習指導要領
第2章　第5節　生活

第1　目標

具体的な活動や体験を通して，身近な生活に関わる見方・考え方を生かし，自立し生活を豊かにしていくための資質・能力を次のとおり育成することを目指す。

(1) 活動や体験の過程において，自分自身，身近な人々，社会及び自然の特徴やよさ，それらの関わり等に気付くとともに，生活上必要な習慣や技能を身に付けるようにする。

(2) 身近な人々，社会及び自然を自分との関わりで捉え，自分自身や自分の生活について考え，表現することができるようにする。

(3) 身近な人々，社会及び自然に自ら働きかけ，意欲や自信をもって学んだり生活を豊かにしたりしようとする態度を養う。

第2　各学年の目標及び内容

〔第1学年及び第2学年〕
1　目標
(1) 学校，家庭及び地域の生活に関わることを通して，自分と身近な人々，社会及び自然との関わりについて考えることができ，それらのよさやすばらしさ，自分との関わりに気付き，地域に愛着をもち自然を大切にしたり，集団や社会の一員として安全で適切な行動をしたりするようにする。

(2) 身近な人々，社会及び自然と触れ合ったり関わったりすることを通して，それらを工夫したり楽しんだりすることができ，活動のよさや大切さに気付き，自分たちの遊びや生活をよりよくするようにする。

(3) 自分自身を見つめることを通して，自分の生活や成長，身近な人々の支えについて考えることができ，自分のよさや可能性に気付き，意欲と自信をもって生活するようにする。

2　内容
1の資質・能力を育成するため，次の内容を指導する。
〔学校，家庭及び地域の生活に関する内容〕
(1) 学校生活に関わる活動を通して，学校の施設の様子や学校生活を支えている人々や友達，通学路の様子やその安全を守っている人々などについて考えることができ，学校での生活は様々な人や施設と関わっていることが分かり，楽しく安心して遊びや生活をしたり，安全な登下校をしたりしようとする。

(2) 家庭生活に関わる活動を通して，家庭における家族のことや自分でできることなどについて考えることができ，家庭での生活は互いに支え合っていることが分かり，自分の役割を積極的に果たしたり，規則正しく健康に気を付けて生活したりしようとする。

(3) 地域に関わる活動を通して，地域の場所やそこで生活したり働いたりしている人々について考えることができ，自分たちの生活は様々な人や場所と関わっていることが分かり，それらに親しみや愛着をもち，適切に接したり安全に生活したりしようとする。

〔身近な人々，社会及び自然と関わる活動に関する内容〕

(4) 公共物や公共施設を利用する活動を通して，それらのよさを感じたり働きを捉えたりすることができ，身の回りにはみんなで使うものがあることやそれらを支えている人々がいることなどが分かるとともに，それらを大切にし，安全に気を付けて正しく利用しようとする。

(5) 身近な自然を観察したり，季節や地域の行事に関わったりするなどの活動を通して，それらの違いや特徴を見付けることができ，自然の様子や四季の変化，季節によって生活の様子が変わることに気付くとともに，それらを取り入れ自分の生活を楽しくしようとする。

(6) 身近な自然を利用したり，身近にある物を使ったりするなどして遊ぶ活動を通して，遊びや遊びに使う物を工夫してつくることができ，その面白さや自然の不思議さに気付くとともに，みんなと楽しみながら遊びを創り出そうとする。

(7) 動物を飼ったり植物を育てたりする活動を通して，それらの育つ場所，変化や成長の様子に関心をもって働きかけることができ，それらは生命をもっていることや成長していることに気付くとともに，生き物への親しみをもち，大切にしようとする。

(8) 自分たちの生活や地域の出来事を身近な

人々と伝え合う活動を通して，相手のことを想像したり伝えたいことや伝え方を選んだりすることができ，身近な人々と関わることのよさや楽しさが分かるとともに，進んで触れ合い交流しようとする。
〔自分自身の生活や成長に関する内容〕
(9)　自分自身の生活や成長を振り返る活動を通して，自分のことや支えてくれた人々について考えることができ，自分が大きくなったこと，自分でできるようになったこと，役割が増えたことなどが分かるとともに，これまでの生活や成長を支えてくれた人々に感謝の気持ちをもち，これからの成長への願いをもって，意欲的に生活しようとする。

第3　指導計画の作成と内容の取扱い

1　指導計画の作成に当たっては，次の事項に配慮するものとする。
(1)　年間や，単元など内容や時間のまとまりを見通して，その中で育む資質・能力の育成に向けて，児童の主体的・対話的で深い学びの実現を図るようにすること。その際，児童が具体的な活動や体験を通して，身近な生活に関わる見方・考え方を生かし，自分と地域の人々，社会及び自然との関わりが具体的に把握できるような学習活動の充実を図ることとし，校外での活動を積極的に取り入れること。
(2)　児童の発達の段階や特性を踏まえ，2学年間を見通して学習活動を設定すること。
(3)　第2の内容の(7)については，2学年間にわたって取り扱うものとし，動物や植物への関わり方が深まるよう継続的な飼育，栽培を行うようにすること。
(4)　他教科等との関連を積極的に図り，指導の効果を高め，低学年における教育全体の充実を図り，中学年以降の教育へ円滑に接続できるようにするとともに，幼稚園教育要領等に示す幼児期の終わりまでに育ってほしい姿との関連を考慮すること。特に，小学校入学当初においては，幼児期における遊びを通した総合的な学びから他教科等における学習に円滑に移行し，主体的に自己を発揮しながら，より自覚的な学びに向かうことが可能となるようにすること。その際，生活科を中心とした合科的・関連的な指導や，弾力的な時間割の設定を行うなどの工夫をすること。
(5)　障害のある児童などについては，学習活動を行う場合に生じる困難さに応じた指導内容や指導方法の工夫を計画的，組織的に行うこと。
(6)　第1章総則の第1の2の(2)に示す道徳教育の目標に基づき，道徳科などとの関連を考慮しながら，第3章特別の教科道徳の第2に示す内容について，生活科の特質に応じて適切な指導をすること。

2　第2の内容の取扱いについては，次の事項に配慮するものとする。
(1)　地域の人々，社会及び自然を生かすとともに，それらを一体的に扱うよう学習活動を工夫すること。
(2)　身近な人々，社会及び自然に関する活動の楽しさを味わうとともに，それらを通して気付いたことや楽しかったことなどについて，言葉，絵，動作，劇化などの多様な方法により表現し，考えることができるようにすること。また，このように表現し，考えることを通して，気付きを確かなものとしたり，気付いたことを関連付けたりすることができるよう工夫すること。
(3)　具体的な活動や体験を通して気付いたことを基に考えることができるようにするため，見付ける，比べる，たとえる，試す，見通す，工夫するなどの多様な学習活動を行うようにすること。
(4)　学習活動を行うに当たっては，コンピュータなどの情報機器について，その特質を踏まえ，児童の発達の段階や特性及び生活科の特質などに応じて適切に活用するようにすること。
(5)　具体的な活動や体験を行うに当たっては，身近な幼児や高齢者，障害のある児童生徒などの多様な人々と触れ合うことができるようにすること。
(6)　生活上必要な習慣や技能の指導については，人，社会，自然及び自分自身に関わる学習活動の展開に即して行うようにすること。

索　引

あ 行

赤ちゃん　173-175, 180, 181
アクティブ・ラーニング　13
遊び名人　147
温かな集団　167
アドリブ　149
あのネ帳　18, 22-28
アルバム　25
委員会活動　110
「YES・NO ゲーム」　141
生きるための栄養　67
異質な子どもたち　204
一日の生活　203
一日を振り返る　168
命　107, 110
命の誕生　170
居場所　29, 137
異文化国際理解　195, 199
意欲　204
引率体制　124
インタビュー　169, 172, 176, 188, 190
梅の実　86
栄養素　87
「Sケン」　146
選ぶ目　214
応答　22
大型動物　115
「お空の写真屋さん」　58
オタマジャクシ　109
「落し物名探偵」　58
お腹の中の赤ちゃんの予想図　180
親子関係・家族の関係　168, 172
折り合い　29

か 行

カイコ　109
「回転万華」　151

科学主義の教育　2
学習会（講座）　171
学習計画書　124
学習計画を変える　215
学習計画を立てる　215
学習成果の記録化　131
学習成果の発信　132
学習プリント　174
学習マナー　171
学年通信　125, 133
家事　188, 190
家族紹介　185
家族の形態・事情　172
カタツムリ　108
価値ある体験　5
学級懇談会　185
学級通信　34, 39, 125, 133, 173, 185, 187
学級をまとめる　137
学校探検　42
活動・体験　7
カマキリの卵　114
紙芝居　88
「体でピン！」　58
カリキュラム・マネジメント　203
観察　83, 126
観察カード　76, 88, 89, 98
観察ノート　85
感触　83
関心・意欲・態度　7
感性　67
感動　93
聞き手　29
技術　156, 157
気づきメモノート　32
「木の車」　164
「木の箱」　153
疑問　111
「キューブパズル」　153

教育課程審議会　2
教材観　70
教材・教科内容関連型カリキュラム　9
教材研究　213
教材重視型カリキュラム　9
教師集団　40
教室環境　203
教室の中の動物　103
教師の指導　7
共有の興味・関心　24
記録　126
議論　23
クイズ形式　25
草木染め　92
クラブ　18
「くるくるヘリコプター」　163
クワの葉　54
経験　152
経験主義の教育　2
経験を科学へ　207
系統学習　2
ゲームリーダー　140
劇　132
言語化　78
校外活動計画書　124
公共施設　121
口頭作文　39
交流活動　79
五感　55, 87
心育て　107, 110
心の安定　38
個性　41
子どもの自主性　7
子ども発　17
子ども理解　31
粉ひき　90
小松菜　70
小麦　88

さ 行

災害時避難場所　121
栽培活動の教材化　69

作文指導　59
「3枚羽ブーメラン」　162
三位一体の学び　16
飼育・観察　113
「CDごま」　161
時間割　203
思考・考えること　7
試行錯誤　156
自己検証　72
自己肯定感　137
自己紹介　184
自己紹介カード　184
自己認識　7
自己の成長の自覚　80
自己評価表　79
事故予防　124
（施設の）利用　126
自然がもたらすもの　51
自然の法則　94
自然離れ　49
自然見つけ　52
自然を見る目　54
下見　124
自治の力　137
「七変化帽子」　158
しつけ科　6
実施の判断　126
質問　23, 111, 185
自分都合　109
自分の生い立ち　171
社会をつくる仕事　191
「ジャンケン列車」　145
自由工作　156
住宅事情　102
集団遊び　136
「集団ジャンケン」　144
取材　126
受精・性交　170, 172, 173, 181
主体的・対話的で深い学び　13
主体的能動的　155
情意　67
障がいをもつ子　172

索　引

勝負の種目　148
情報カード　175
食育　77
調べ学習　216
自立　204
「ステレオゲーム」　143
「ストローとんぼ」　161
生活科の教科書　214
（生活科の）3領域　7
（生活科の）実践領域　7
生活科の方法原理　4
生活科の目標構造　5
（生活科の）理論的争点　6
生活作文　18
生活時間　36
生活習慣　7
生活綴方教育　1
生活のありのまま　209
生活の潤い　67
生活発表　17
生活勉強　1
生活を重視する　209
生産場所　121
製品　97
生命　66
生命の営み　75
「船長さんの命令で」　138
専門家との関係　116
総合的な学習の時間　3,217
相談できる体制　172

た　行

体験　55,204
大正自由教育　1
大豆　87
大単元　70
第二道徳科　6
他教科等との合科　79
他教科・領域　206
他己評価表　79
種　74
楽しいトーン　149

多様な表現方法　210
探究活動　108
探究集団　24
探求的な見方・考え方　217
探検　20
たんけんタイム　42
誕生会　167
地域　119,205
地域住環境　48
地域情報　123
地域との連携　77
地域に根ざした学び　87
地域の伝承文化　130
地域の特産品　86
知識・理解　7
調理活動　85
通学路　45
捕まえる　112
土作り　70
つながり　29
低学年教育のコア　208,218
低学年の理科と社会科　1,207
「テープごま」　164
「伝言ゲーム」　142
伝承遊び　147
問い　16,213
動機づけ　71
道具　151,153
動作化　88
道徳　105,205
動物　102
トータルに捉える　157
ドングリ　56
「トントン1・2」　141

な　行

仲間　22,23
「仲間あつめ」　140
仲間意識　142
夏休み自慢大会　17
名札づけ　76
「並び方競争」　144

223

人間性　62
「人間知恵の輪」　145
認識　72
ネイチャーゲーム　58
ネガティヴな話題　25
「ネコとネズミ」　139
農作物　97

　　　　　　　　は　行

パーティー　78
博士　71,112
発芽　74
発見　23
発見する醍醐味　216
発達の事実　34
発達要求　35
発表　20,22,26-29,43,46,111,184,188
発表者　29
「ハンター」　58
「ビーム・シュワッチ」　138
「ビュンビュンゴマ」　159
評価　11
表現能力　23
フィールドワーク　121
プライバシーの保護　199
プライベートゾーン　170,183
ペア学年活動　39
ペープサート　132
ペット　102
ペットアレルギー　102
「変身カード」　154
「ホイッスル」　160
ぼく・わたしの絵本　169,177-179
保護者会　173
保護者の理解　171
本能　67
本物志向　94

本物との出会い　10

　　　　　　　　ま　行

松ぼっくり　94
まとめのイメージ　125
学び合い　17,29
学び合いの芽　20
学びたがる　25
間引き　76
「見いつけた！」　58
自ら気づく　216
身近な生活　208
3つの間　135
未分化　203
魅力的な人　122
虫眼鏡　59
「名刺交換」　38
名所　128
綿　97
持ち込む　110
物づくり　155
問題解決学習　2
問題行動　35

　　　　　　　　や　行

ユーモア　149
要求実現　25
余暇　62
ヨモギ　83
余裕をもった計画　203

　　　　　　　　ら　行

理科　105
レディネス期　67
連絡帳　187,200
労働　188

監修者

原　清治（はら　きよはる）	（佛教大学教育学部教授）
春日井敏之（かすがい としゆき）	（立命館大学大学院教職研究科・文学部教授）
篠原正典（しのはら まさのり）	（佛教大学教育学部教授）
森田真樹（もりた まさき）	（立命館大学大学院教職研究科教授）

執筆者紹介（所属，執筆分担，執筆順，＊は編者）

＊鎌倉　博（かまくら ひろし）	（編著者紹介参照：はじめに，第4章，第8章，第11章第1節，第13章）
＊船越　勝（ふなこし まさる）	（編著者紹介参照：第1章）
小川修一（おがわ しゅういち）	（聖心女子大学教職課程室，横浜国立大学・大東文化大学非常勤講師：第2章）
原田宏美（はらだ ひろみ）	（日本生活教育連盟全国委員，愛知県立大学非常勤講師：第3章）
根本芳枝（ねもと よしえ）	（千葉大学教育学部授業実践開発研究室アドバイザー：第5章）
中河原良子（なかがわら りょうこ）	（日本生活教育連盟常任委員，「生活教育」編集部：第6章）
成田　寛（なりた ひろし）	（学校法人和光学園和光鶴川小学校教諭：第7章）
鬼頭正和（きとう まさかず）	（愛知県立大学・愛知教育大学非常勤講師：第9章）
中村源哉（なかむら げんや）	（学校法人和光学園和光鶴川小学校教諭：第10章）
松本あゆみ（まつもと あゆみ）	（学校法人和光学園和光小学校教諭：第11章第2・3節）
和田　仁（わだ ひとし）	（学校法人和光学園和光鶴川小学校教諭：第12章）

編著者紹介

鎌倉　博（かまくら・ひろし）
1959年　生まれ。
現　在　名古屋芸術大学人間発達学部准教授。
主　著　『あっ！こんな教育もあるんだ――学びの道を拓く総合学習』（共著）新評論，2006年。
　　　　『きらめく小学生――自由な教育の中で育つ子どもたち』（単著）合同出版，2013年。

船越　勝（ふなごし・まさる）
1961年　生まれ。
現　在　和歌山大学教育学部教授。
主　著　『学びのディスコース――共同創造の授業を求めて』（共編著）八千代出版，1998年。
　　　　『学びをデザインする子どもたち――子どもが主体的に学び続ける授業』（共著）東洋館出版社，2017年。

新しい教職教育講座　教科教育編⑤
生活科教育

2018年3月31日　初版第1刷発行　　〈検印省略〉

定価はカバーに表示しています

監修者	原　清治／春日井敏之
	篠原正典／森田真樹
編著者	鎌倉　博／船越　勝
発行者	杉田啓三
印刷者	坂本喜杏

発行所　株式会社　ミネルヴァ書房
607-8494　京都市山科区日ノ岡堤谷町1
電話代表　(075)581-5191
振替口座　01020-0-8076

ⓒ鎌倉・船越ほか，2018　冨山房インターナショナル・藤沢製本

ISBN 978-4-623-08201-8
Printed in Japan

新しい教職教育講座

原 清治・春日井敏之・篠原正典・森田真樹 監修

全23巻

（Ａ５判・並製・各巻平均220頁）

教職教育編
① 教育原論　　　　　　　　　　　　山内清郎・原 清治・春日井敏之 編著
② 教職論　　　　　　　　　　　　　久保富三夫・砂田信夫 編著
③ 教育社会学　　　　　　　　　　　原 清治・山内乾史 編著
④ 教育心理学　　　　　　　　　　　神藤貴昭・橋本憲尚 編著
⑤ 特別支援教育　　　　　　　　　　原 幸一・堀家由妃代 編著
⑥ 教育課程・教育評価　　　　　　　細尾萌子・田中耕治 編著
⑦ 道徳教育　　　　　　　　　　　　荒木寿友・藤井基貴 編著
⑧ 総合的な学習の時間　　　　　　　森田真樹・篠原正典 編著
⑨ 特別活動　　　　　　　　　　　　中村 豊・原 清治 編著
⑩ 教育の方法と技術　　　　　　　　篠原正典・荒木寿友 編著
⑪ 生徒指導・進路指導　　　　　　　春日井敏之・山岡雅博 編著
⑫ 教育相談　　　　　　　　　　　　春日井敏之・渡邉照美・中村 健 編著
⑬ 教育実習・学校体験活動　　　　　小林 隆・森田真樹 編著

教科教育編
① 初等国語科教育　　　　　　　　　井上雅彦・青砥弘幸 編著
② 初等社会科教育　　　　　　　　　中西 仁・小林 隆 編著
③ 算数科教育　　　　　　　　　　　岡本尚子・二澤善紀・月岡卓也 編著
④ 初等理科教育　　　　　　　　　　山下芳樹・平田豊誠 編著
⑤ 生活科教育　　　　　　　　　　　鎌倉 博・船越 勝 編著
⑥ 初等音楽科教育　　　　　　　　　高見仁志 編著
⑦ 図画工作　　　　　　　　　　　　波多野達二・三宅茂夫 編著
⑧ 初等家庭科教育　　　　　　　　　三沢徳枝・勝田映子 編著
⑨ 初等体育科教育　　　　　　　　　石田智巳・山口孝治 編著
⑩ 初等外国語教育　　　　　　　　　湯川笑子 編著

ミネルヴァ書房
http://www.minervashobo.co.jp/